VOYAGE
EN PORTUGAL.

II.

VOYAGE EN PORTUGAL,

FAIT DEPUIS 1797 JUSQU'EN 1799,

PAR M. LINK ET LE COMTE DE HOFFMANSEGG;

CONTENANT une foule de détails neufs et intéressans sur la situation actuelle de ce royaume, sur l'histoire naturelle et civile, la géographie, le gouvernement, les habitans, les mœurs, usages, productions, commerce et colonies du Portugal; spécialement le Brésil.

TRADUIT DE L'ALLEMAND,

ET ACCOMPAGNÉ DE LA CARTE GÉNÉRALE DU PORTUGAL.

TOME DEUXIÈME.

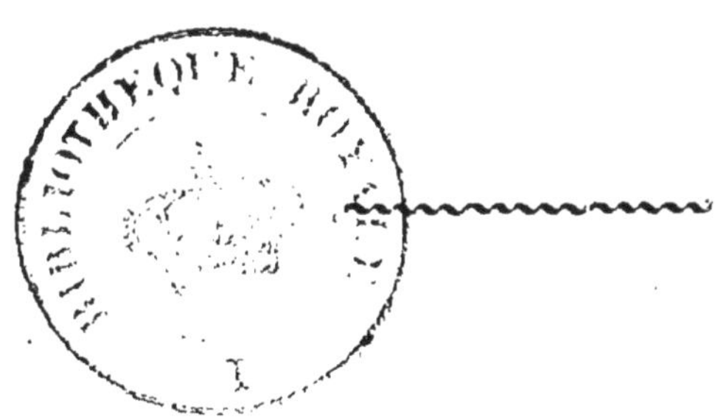

PARIS,

DENTU, IMPRIMEUR-LIBRAIRE,
Rue du Pont-de-Lodi, n.° 3.

1808.

VOYAGE
EN
PORTUGAL.

CHAPITRE XXIX.

Voyage à Braga. — La province entre Douro e Minho.

DES montagnes de granit, des bruyères et des forêts de sapins, des villages isolés et des habitations dispersées, ne font pas soupçonner dans le voisinage d'*O-Porto* cette belle province, qui a été tant vantée, et que l'on attend avec impatience. Près du bourg *Villa - Nova do Famelicao*, à six *legoas* d'*O-Porto*, on découvre enfin la belle vallée du *Minho*, dans laquelle ce village est situé. De petits champs de maïs, de seigle et d'orge, et plus rarement de froment, sont entourés de chênes élevés, de châtaigniers et de peupliers, et entre-coupés de ruisseaux. La vigne s'entrelace dans les arbres, et souvent s'élève jusqu'à leur cîme. Partout on rencontre de l'ombre, de la fraîcheur, des pays bien cultivés et bien peuplés; chaque vallée est partagée par des rochers nuds et stériles.

De toutes les provinces du Portugal, celle de *Minho* est la plus peuplée. Elle contient sur une étendue de dix-huit *legoas*, trois *cidades*, vingt-cinq *villas*, neuf cent mille habitans et 223,495 feux. Toute cette province n'est composée que de montagnes de granit; il n'y a que dans les vallées où le terroir est assez bon, car sur les hauteurs le sol est roccailleux : elle est arrosée par plusieurs ruisseaux, et par conséquent bien cultivée. On s'aperçoit aisément de l'industrie des habitans. Ceux-ci fouillent la terre avec beaucoup de peine, pour y découvrir des sources; leurs travaux ressemblent assez à ceux des mines. L'eau qu'on y rencontre est distribuée ingénieusement, au moyen de rigoles, dans les terres labourées et dans les prairies. Le maïs est le blé qu'on cultive le plus communément; on remue la terre deux fois par an ; d'abord lorsque le blé n'est qu'à quatre ou cinq pouces de hauteur, et ensuite lorsqu'il porte des épis. Mais l'industrie du laboureur n'est pas toujours guidée par des notions bien précises : il se sert, par exemple, d'une charrue dont le soc présente un mauvais crochet, et à laquelle on a adapté deux oreilles de charrue, dont dépend surtout le travail. Elle est très-lourde et fait des sillons séparés l'un de l'autre de seize pouces, dont seulement huit pouces sont remués; le reste demeure dans son état de dureté. Il est vrai que la vigne fournit beaucoup de vin, mais il est mauvais et acide, parce que le soleil ne peut mûrir les raisins dans la cîme touffue des arbres. On le nomme, par cette raison, vin vert (*vinho verde*). Hormis quelques monastères riches, on ne voit dans cette province que peu de grandes propriétés, mais le nombre des paysans aisés en est d'autant plus considérable; ce qui prouve aux Portugais, qu'il n'est que cet arrangement qui soit propice à la population. L'augmentation cependant de ce petit peuple industrieux et gai, est trop forte pour ce pays stérile. Un grand nombre s'expatrie annuellement, pour s'établir ailleurs. Mais aussi pour gagner quelque chose dans leur voyage, ils assistent les autres paysans dans leurs travaux, durant la moisson, et généralement dans tous ceux de la culture des terres. Ils voyagent par troupes nombreuses, ont leur chef (*Caputaz*), et habitent dans des cabanes (*ranches*). Les habitans de la province de *Beira*, des environs d'*Aveiro*, etc., émigrent de la même manière. Si le gouvernement encourageait les fabriques et les manufactures qu'on pourrait aisément établir ici; s'il favorisait l'éducation des vers à soie, qui conviendrait beaucoup à cette province, il serait possible que ces émigrations, qui dépeuplent la province et favorisent la fainéantise, cessassent. Un grand nombre d'habitans vont peupler les colonies, et surtout le Brésil. Ces gens, tant hommes que femmes, sont les meilleurs du royaume; ils sont très-gais, bons, industrieux, mais ils ne sont pas beaux, surtout les femmes. Il est vrai qu'on voyage en Portugal avec beaucoup de sûreté, mais principalement ici. Les auberges, quant à leur arrangement extérieur, ne valent pas mieux qu'ailleurs, mais on y trouve presque par-tout un bon dîner.

En quittant la vallée de *Villa-Nova*, l'on passe de nouveau des montagnes stériles et couvertes de bruyères, avant d'arriver dans la vallée de *Braga*. C'est ici qu'on découvre vers le nord, la chaîne des hautes montagnes qui séparent le Portugal de la Gallicie. On y voit pareillement la *Serra de Gerez* avec ses cîmes élevées. La ville (*cidade*) de *Braga*, est située dans une vallée ouverte et plus large que celles du *Minho* ne le sont ordinairement; mais elle est également bien cultivée. On trouve ici un grand nombre d'arbres à *liège;* il y a des orangers autour de la ville. Les petites rivières de *Cavado* et de *Deste* méritent plutôt le nom de ruisseaux. *Braga* est la capitale de la province; elle est soumise au pouvoir de l'archevêque de *Braga*, qui a plus de 100,000 cruzades de revenu; les places de juges, c'est-à-dire, la nomination aux places vacantes de deux tribunaux, dépend de lui. Un de ces deux juges doit être séculier et l'autre ecclésiastique. Ainsi cette ville est la seule de toutes qui n'ait point de *Corrégidor* ou *Juiz de fora*, dont les membres sont nommés par le roi. Dans le *Coutos* (1) aux environs de la ville, il prononce même en dernière instance sur les affaires criminelles; mais ce pouvoir ne peut s'étendre sur les habitans de la ville. Leur nombre se monte à-peu-près à 13,000. Il y a cinq paroisses et sept monastères. Il y a plusieurs rues assez larges, gaies, ouvertes, et cependant la plupart des maisons sont petites, ainsi que celles des autres villes provinciales en Portugal. La cathédrale bâtie dans le goût gothique, doit être mise au nombre des choses remarquables que la ville renferme. L'église et le monastère de *St. Fructuoso*, qui renferme une quantité de choses précieuses, beaucoup de réliques et une image miraculeuse de la Vierge, est situé sur une colline devant la ville, et en face d'une des plus belles rues. L'origine de *Braga* se perd dans l'antiquité très-reculée : les Ro-

---

(1) *Coutos* (*locus cautus*) était originairement un asyle ou lieu où les ecclésiastiques exerçaient la juridiction.

mains l'appelèrent *Augusta Bracharorum*. Aussi trouve-t-on souvent dans ses environs des médailles romaines. *Braga* était bien plus considérable dans le quinzième siècle qu'aujourd'hui. Il y a ici une manufacture de chapeaux, qui en fournit à une grande partie du bas-peuple en Portugal : les chapeaux ne sont pas mauvais, quoique moins bons que ceux d'Angleterre et de France. Il y a, de plus, une manufacture de couteaux, mais elle est peu considérable. On voit par-tout les femmes tricoter, coudre et faire de la toile, preuve de l'industrie et de l'activité des habitans. Les gens de distinction de *Braga* sont mal-famés dans les villes, au reste assez gaies, du *Minho*. On les accuse par-tout d'être bavards et querelleurs ; on trouve le ton de leur société très-mauvais.

Nous quittâmes bientôt *Braga*, pour arriver plutôt aux montagnes nommées *Serra de Gerez*, qui séparent le Portugal de la Gallicie, et aussi pour voir ces montagnes peu connues, dans la bonne saison.

A un *legoa* de *Braga* on arrive dans un petit village appelé *Ponto de Porto*, à cause d'un pont de pierres, sur lequel on passe le *Cavado.* Cette vallée est charmante et très-agréable. Dans le lointain elle ressemble à une épaisse forêt, mais les arbres n'entourent que les champs et les jardins. Les maisons éparses sont cachées par le feuillage, mais les personnes bien vêtues, même les femmes qu'on aperçoit souvent, annoncent leur proximité. En passant par des montagnes de granit, nous arrivâmes à *Bouro*, monastère de Bernardins, éloigné de deux *legoas*. Il est situé au pied de la montagne, dans un fond : ce monastère est très-riche, et ses édifices sont grands et assez avantageusement construits. Près du couvent les moines ont une *Quinta* grande et remplie d'orangers ; les oranges en sont bonnes et se transportent à *Braga* et dans d'autres lieux près du *Minho*. Non loin de *Bouro*, sur une montagne, est située une église qui renferme un tableau de la Vierge ; on y fait de fréquens pélerinages ; elle s'appelle *de Nossa Senhora de Abbadia*, parce que *Bouro* est une abbaye, et non pas *Nossa Senhora da Badia*, comme elle est marquée sur les cartes géographiques. *Bouro*, selon nos observations, est élevé de 500 pieds au-dessus du niveau de la mer, élévation peu considérable ; puisqu'elle est capable de produire des orangers et de bonnes oranges. Ce fut la dernière de nos observations au moyen du baromètre. Nous avions, par bonheur, apporté de Lisbonne un baromètre de *Hurter*, pour mesurer la hauteur de *Gerez* et de l'*Estrella* ; nous l'avions mis à l'abri de tout accident dans ces mauvais chemins; il ne fut pas même endommagé, lorsque notre voiture versa ; mais nous n'avions pas pris de précautions contre la méchanceté des jeunes moines, qui se glissèrent dans notre chambre, et qui, pendant notre absence, et par une curiosité peu honnête, abîmèrent notre baromètre et notre thermomètre. Ce fut un des plus fâcheux accidens de notre voyage. La curiosité de ces gens nous avait déja causé de grands inconvéniens. Comme les moines ont cassé mon baromètre, il m'est bien permis d'en parler ici. Leur ignorance est inconcevable, ainsi que leur paresse, à l'exception de leurs exercices spirituels. Un vieux abbé caduc donnait toute liberté à ces jeunes gens ; ils étaient, par cette raison, aussi mal élevés qu'ignorans. Dans tous les monastères du Portugal on mange beaucoup. On nous servit ici à notre dîner quatre entrées ; mais tous ces mêts sont apprêtés sans art, et consistent, la plupart, en viandes bouillies, de toutes les espèces. La nation est portée à manger beaucoup, et surtout de la viande. Le vin, dans plusieurs des monastères, est très-médiocre : je n'ai jamais remarqué qu'on en bût avec excès. Nous étions en général meilleurs buveurs que les Portugais ; le climat chaud, auquel nous n'étions pas habitués, nous parut l'exiger. Mais en revanche, j'ai souvent eu occasion de remarquer que quelques verres de vin, qui ne font pas la moindre sensation aux Allemands, et bien moins aux Anglais (les plus grands buveurs), les enivraient.

A quelque distance de *Bouro*, on parvient sur les premières montagnes de la chaîne du *Gerez*. Dès qu'on a atteint le sommet de ces rochers, la route devient très-agréable. Ce chemin, qui tourne sur le bord d'un précipice, offre une ombre agréable par les châtaigniers et les chênes dont il est planté : de tous côtés on voit des ruisseaux tomber en cascade de ces montagnes, et se répandre, au moyen de plusieurs canaux, dans des prairies artificielles. De l'autre côté se trouve une vallée profonde, dont la pente rapide est transformée en terrasses, et supérieurement bien cultivée. A travers des arbres serrés, on découvre çà et là des maisons isolées. La nuit nous surprit sur cette route; la lune éclairait la vallée et se réfléchissait dans les torrens qui se précipitaient des montagnes. Les lumières qu'on apercevait dans les maisons éparses de la forêt, animaient beaucoup cette contrée sauvage.

Aucun voyageur (le nombre de ceux qui viennent ici est peu considérable) ne parcourra sans un grand plaisir ces lieux charmans, qui joignent aux beautés d'un climat chaud, toute la fraîcheur qu'offre celui du Nord. Sur le bord du *Lima*, à peu de distance d'ici, les soldats romains refusèrent de suivre leur capitaine; ils quittèrent à regret ce beau pays. Les Romains appelèrent ce fleuve, le *Fleuve de l'Oubli*. Le *Rio Valdo*, le *Homen*, le *Vavado*, et quantité d'autres rivières de cette province, méritent ce nom caractéristique; le charme qu'elles répandent dans ce lieu, fait oublier les forêts de nos contrées, et même celles d'Angleterre.

Nous descendîmes la pente de ces montagnes auprès d'un grand village, nommé *Villar de Veiga*, et nous suivîmes le chemin de la vallée. Un torrent rapide, le *Rio das Caldas*, roule ses eaux avec fracas au milieu de cette vallée; les montagnes s'élèvent et deviennent plus escarpées, et lorsqu'on a monté environ un *legoa*, un petit village de quarante maisons se présente subitement derrière une petite colline. Ce lieu est renommé par ses bains chauds; c'est pourquoi on le nomme *Caldas de Gerez*. Nous passâmes ici quatre semaines, pour étudier les curiosités naturelles qui se trouvent sur la montagne. C'était le tems où l'on prend les eaux minérales: aussi y avait-il alors beaucoup de monde.

La vallée où ce village est situé est très-étroite. Vers l'est, les maisons sont appuyées contre la montagne; vers l'ouest, une petite rivière les arrose, ainsi que le pied d'une autre montagne ; au nord, la vallée s'élève tout-à-coup; elle est bornée au sud par une colline. Les montagnes sont très-hautes, roccailleuses, dénuées de forêts ; ce n'est que sur le bord de la rivière qu'on trouve des arbres, par exemple, des chênes, des viornes (*rhamnus frangula*), des *azereiros* (*Prunus lusitanica*) : quant aux oliviers, on n'en voit que sur le bord de la rivière. Les montagnes sont couvertes de broussailles serrées et impénétrables. On y distingue des fraisiers (*Arbutus Unedo*), sur le bord des ruisseaux, de 6, 8 à 12 pieds de haut, des *azcreiros*, et deux espèces de cytisus (*procerus et villosissimus*), qui n'ont pas encore été décrites. Sur les cîmes élevées on voit des chênes épars, d'une espèce particulière. En descendant vers le sud, les montagnes sont stériles, et ne produisent que des cistes et des bruyères, surtout le *Cistus scabrosus*, *Ait. cheiranthoides*, *Lam.* et l'*Erica umbellata*. Depuis quelques années, cet endroit est fréquenté à cause de ses bains ; le nombre des maisons augmente toujours, et de manière que ce lieu peu étendu n'offrira bientôt plus de place.

Les personnes que les bains y attirent, viennent de la petite ville du *Minho;* aussi arrive-t-il souvent que des Anglais d'*O-Porto* visitent ces bains. Le climat dans les environs étant très-rigoureux, les habitans se rendent à *Villar de Veiga* en hiver, et y retournent au mois de mai. Les maisons sont bâties en pierres; elles sont toutes élevées d'un étage, n'ont que des chambres très-petites et mauvaises, la plupart sans carreaux de verre; le plancher en est troué; les meubles ne consistent que dans une table grossièrement travaillée, et des chaises également mauvaises ; on est obligé de se pourvoir du reste de l'ameublement. On se tromperait, si l'on croyait trouver ici des habitans et y être servi : ordinairement on ne fait qu'ouvrir la maison et mettre l'étranger en possession des quatre murs. On ne trouve pour toute nourriture, que du bœuf, du riz, des oranges, du vin du pays, qui est fort acide, et quelquefois du vin d'une meilleure qualité du *Douro*, mais bien rarement du poisson. Pour le sucre, les épiceries, le café et le reste des provisions, on est obligé de les faire venir de *Villar de Veiga*, qui est à une lieue d'ici; encore ces objets y sont-ils fort rares. Il y a bien ici un apothicaire, mais quant aux médecins, on n'en rencontre point. Une petite place de quelques centaines de pieds de long et de large, constitue la promenade. Pour aller en voiture dans les environs, c'est une chose impossible : les personnes faibles et le sexe voyagent ici en litière, comme dans beaucoup d'endroits des parties montagneuses du Portugal, qui, au lieu d'être portées par des hommes, comme cela se pratique chez nous, le sont par deux chevaux. *Caldas*, sur les frontières du royaume, et caché dans une contrée sauvage, est presque oublié par le gouvernement.

Les sources chaudes jaillissent du côté de l'est, et sortent d'un mur de granit, au pied d'une haute montagne. Il y en a quatre, dont chacune a un nom particulier, par exemple, *da Figueira*, à cause du figuier qui l'ombrage, *do Bispo*, etc. Sur chacune d'elles on a construit une petite maison carrée, dans le milieu de laquelle est un enfoncement en pierre, pour que l'on puisse s'y baigner. Il ne peut y entrer qu'une personne à-la-fois. Une toile tient lieu de porte. Quand elle est descendue, c'est une preuve que quelqu'un est dans le bain : mais les femmes se méfiant un peu des regards des hommes, placent une servante à la porte. L'eau que l'on boit se puise à l'endroit où elle jaillit du roc, avant qu'elle n'aille se jeter dans les bains.

L'une de ces sources contient du gaz sulfureux, mais en petite quantité; les autres sources en ont moins ; une d'entr'elles surtout en paraît tout-à-fait dépourvue. Aussi l'eau ne fit-elle aucun effet visible sur les réactifs dont nous étions pourvus ; par exemple : sur le nitre, l'antimoine, mais elle paraît en revanche très-limpide. Les degrés de la chaleur varient. Il en est une qui est sensiblement plus chaude que celle de *Caldas da Raynha*. La chaleur ne surpasse cependant pas 40 $\frac{o}{-}$ de Réaumur, et on peut se baigner dans la plus chaude.

On prend ces eaux minérales depuis le mois de juin jusqu'au mois d'août. Il est vrai que dans la vallée étroite l'air est très-chaud, mais les brouillards des montagnes le rafraîchissent souvent. On se lève

à

à quatre heures du matin ; on prend le bain de suite, ou l'on boit de l'eau, et ensuite on se promène jusqu'à sept heures. Après être descendu dans la vallée, on suit le chemin au dessus du village, qui est très-escarpé. Les personnes faibles, de même que les femmes, montent sur un mulet ou sur un âne. Au retour on déjeûne, et l'on dîne à midi. Après le dîner on fait la *sesta* (méridienne). On se baigne encore à quatre heures, et l'on boit de l'eau ; on fait une seconde promenade au moment que le soleil a quitté la vallée ; ensuite on se rend en société, pour prendre le thé ou pour jouer, et après dix heures chacun rentre chez soi, pour prendre un léger souper. Voilà le genre de vie que l'on mène dans ce lieu écarté. La diète qui y est prescrite, et que la tradition transmet, puisqu'il n'y a pas de médecin ici, est également sévère et ridicule. Le pédantisme et la charlatanerie de ces messieurs, a percé même jusqu'ici. On vante beaucoup les effets du bain ; aussi n'est-il pas douteux que les bains chauds doivent opérer des effets salutaires ; mais il faut aussi mettre en ligne de compte ceux que produisent les promenades, les distractions, l'inactivité, le changement d'air, la diète prescrite, ou plutôt la diète forcée, car l'on y manque de toutes choses. Les simples buveurs d'eau guérissent probablement par cette dernière raison.

Le ton de la société dépend des hommes qui la composent. La noblesse du *Minho*, qui est pauvre, mais très-nombreuse, en forme la plus grande partie. Cette noblesse vaut peut-être mieux que la noblesse riche qui est rapprochée de la cour, mais elle est orgueilleuse, comme toute la noblesse portugaise, quoiqu'il soit difficile de s'en apercevoir dans la première conversation, et à travers la politesse nationale. Dans ce petit endroit même, la société des gens de distinction, en faisant le généreux sacrifice de son propre plaisir, établit la ligne de démarcation, qui assez souvent sépare la société vraiment polie de celle qui n'en a que le nom. Une femme du haut rang ne sort jamais sans que son *escoudero* ne la devance de vingt pas, tenant son chapeau à la main. Une dame de distinction, sujette à des vapeurs, se fit même suivre par un domestique qui portait un encensoir. La société est du reste trop peu nombreuse, et l'on est par conséquent trop surveillé l'un par l'autre, pour y passer son tems sans gène, et pour s'y amuser selon sa fantaisie. L'esprit satirique des Portugais se montra même dans une plaisanterie qu'on avait faite sur les personnes qui composaient la société. Le sexe n'y est cependant pas farouche, et on peut passer des heures agréables sous des bosquets touffus, formés par des *Azereiros*, et à côté desquels des ruisseaux se précipitent des montagnes : on est ainsi à l'abri des yeux indiscrets. Ces filles charmantes, souvent d'un rang élevé, et qui ont reçu une éducation soignée, qui sont sensibles aux beautés de la poésie, aux vers tendres gravés sur l'écorce des *Azereiros*, se livrent cependant entr'elles à une occupation très dégoûtante, celle de se délivrer mutuellement de leur vermine.

La *Serra de Gerez* s'étend, généralement parlant, de l'est à l'ouest, mais beaucoup de ses branches se dirigent vers le sud. La vallée où *Caldas* est située, prend la même direction ; elle s'élève de plus en plus vers le nord, mais seulement jusqu'à un certain degré ; elle s'abaisse de nouveau vers les frontières de la Gallicie, qui n'est qu'à trois *legoas* de *Caldas*. Ensuite elle se resserre de plus en plus, devient roccailleuse, et est couverte de forêts. On marche enfin à l'ombre de chênes élevés et touffus ; des ruisseaux murmurent à l'entour, et on aperçoit des rochers nuds et détachés ; la montagne prend un aspect sauvage et majestueux. Près de la frontière de l'Espagne, un fleuve, le *Rio Homen* (*Omeng*), partage cette vallée en deux parties, pour se diriger vers une autre. On voit ici les ruines d'un pont romain et quantité de piliers dispersés, qui faisaient jadis l'ornement d'une grande route construite par les Romains. Les traces de l'art, dans ces environs solitaires et sauvages, font une impression profonde : le fleuve aussi rapide qu'un torrent, n'a pu, depuis des siècles, détruire ces murs bâtis par un peuple formidable ; il n'y a qu'à passer un sentier pour se trouver dans un autre empire.

C'est dans un défilé nommé *Portela de Homem* (*Pas du Homem*), où les cîmes des montagnes ont formé une grande ouverture, qu'est la frontière de l'Espagne. La vue de la Gallicie n'est pas à beaucoup près aussi belle que celle du *Minho*; les montagnes y sont peu hautes, les vallées, il est vrai, moins étroites, mais aussi moins bien cultivées. Cependant l'on ne croit pas être dans un autre pays. On parle encore ici la langue portugaise, le genre de vie et les mœurs sont celles de Portugal. Les montagnes les plus élevées se trouvent du côté de l'est de *Caldas*, vers la ville de *Montalègre*. L'on monte sur ces montagnes par un chemin très-escarpé, qui cependant n'est pas absolument pénible, vu qu'il serpente entre des montagnes de granit, ce qui empêche qu'il n'y ait aucun danger, même pour les personnes sujettes aux étourdissemens. Mais en quittant le chemin battu, on s'engage dans des broussailles impraticables, et on s'expose à tomber dans des précipices très-dangereux. La cîme la plus élevée s'appelle *O Murro de Burrageiro*. Il m'a été impossible de trouver l'étymologie de ce nom singulier. On monte de la vallée de *Caldas* à *Portela de Homem*, par un chemin commode; une belle forêt de chênes règne jusqu'aux trois quarts de la hauteur. On voit ici, comme dans les environs de *Portela de Homen*, quantité d'airelles, inconnues en Portugal, et plusieurs autres plantes bien rares dans ce pays. La scène change subitement vers le sommet. Les chênes disparaissent, on ne voit que des arbres du nord, qui ne se trouvent ni dans les plaines, ni sur les montagnes de Portugal, tels que l'if, le sorbier (*Sorbus aucuparia*), le genevrier: l'habitant du Nord se croirait dans sa patrie. Le sommet est composé de rochers entassés. La vue du côté de l'ouest est étendue et variée; on parcourt des yeux une grande partie du *Minho*, on aperçoit la mer avec ses dunes; cette vue cependant n'est pas agréable, car l'œil ne peut pénétrer dans les belles vallées, il ne repose que sur des hauteurs stériles; des montagnes bornent la vue de l'autre côté. Ces montagnes présentent un aspect plus sauvage et plus pittoresque, à mesure qu'on avance vers le nord; on entre dans des vallées qui ne sont composées que de rochers nuds et inaccessibles, et sur lesquels on ne voit que rarement quelques broussailles.

C'est le séjour des chêvres sauvages. En avançant vers le nord, on arrive dans une plaine montagneuse et couverte de marais, où nous trouvâmes une quantité de plantes d'Allemagne, que nous n'avions pas vues depuis longtems. D'ici on peut descendre vers le *Rio Homem*, par un sentier rapide, mais il faut être sur ses gardes et ne pas le perdre, car la montagne est remplie de précipices affreux, tant du côté de *Portela de Homem*, que de celui de la vallée. Un sommet élevé sépare ici l'Espagne du Portugal. Toutes les montagnes de ces contrées sont composées de granit amoncelé par blocs, comme dans tout le pays. Outre les substances ordinaires, elles contiennent aussi du shorl lamelleux, du cristal de roche et des topazes. On y trouve plus rarement du quartz rougeâtre. Le botaniste y trouve un mélange singulier de plantes du Nord et de l'Allemagne, celles de la Biscaye et des Pyrénées, des plaines du Portugal, par exemple, des bruyères, l'*Asphodelus ramosus*, etc., et enfin plusieurs plantes, dont la plupart n'ont pas été décrites, et qui sont particulières à ces montagnes.

Un grand nombre de loups rend ces montagnes dangereuses. L'animal le plus remarquable qu'on y rencontre, est la chêvre sauvage, très-rare dans les autres montagnes de l'Europe (*Capra œgagrus Pall.*) Nous avons vu plusieurs peaux de ces animaux. On tua même un bouc de trois ans, qui fut transporté à *Caldas*, où le comte *de Hoffmansegge* l'acheta, et le conserve encore empaillé. L'animal est plus grand, plus robuste, plus musculeux que le bouc domestique, surtout les épaules et les pieds de derrière ; son front est élevé, ses cornes le sont aussi d'une manière plus roide, et se courbent en arrière; sa queue est moins longue, le poil en est plus court, plus serré, entre-mêlé de gris et de brun, et ressemble beaucoup à celui du cerf; une croix noire s'étend sur le dos et sur les épaules. Le mâle est barbu comme le bouc domestique ; la femelle est sans cornes. Nous avons pris les dimensions exactes de cet animal, qui, du reste, est parfaitement conforme aux descriptions faites par les auteurs de la *Capra œgagrus*. On ne le trouve nulle part en Portugal, excepté dans ces montagnes. Je doute qu'il y en ait en Espagne. Il est impossible de dire avec certitude, si c'est la chèvre domestique dégénérée et devenue sauvage, ou si la chèvre domestique en est provenue. Pour le présent, elles sont très-différentes. La dernière hypothèse me paraît la plus vraisemblable. On en rencontre fréquemment d'ici à *Montalègre*; les habitans les chassent beaucoup, et la chair en est tant estimée, que le chasseur qui vendait avec plaisir la peau, n'en voulut pas céder la chair. On fait souvent des couvertures de mulet de ces peaux, et quant aux cornes, on en orne les maisons. Dans ces montagnes se trouvent beaucoup de lézards et de serpens. Les premiers sont le plus souvent de la variété verte et petite de la *Lacerta agilis Linn.* La variété grande et verte se voit plus souvent dans les plaines plus chaudes du Portugal, où cet animal beau et grand se promène souvent près des chemins, et s'oppose courageusement à son persécuteur. Les serpens de ce pays sont, la véritable vipère d'Italie (*Vipera Redi*), qui est très-fréquente et que l'on craint beaucoup, (la *vibora*) des habitans ; elle est d'ailleurs très-rare en Portugal ; ensuite le beau *Coluber Æsculapii*, et une autre encore, d'un genre qui n'est pas venimeux, et qui n'a pas été décrit encore. On brûle tous les cinq ans les broussailles, pour exterminer la quantité d'insectes qui s'y trouvent, ce qui procure à-la-fois de bonne nourriture pour les bestiaux. Ce feu m'a souvent mis dans un embarras extrême. Un méchant garçon de Gallicie avait, près de la *Portela de Homem*, mis le feu aux broussailles sèches, et à tous les bouts du chemin ; on vit par-tout la flamme et la fumée s'élever ; elle bouchait la seule issue de cette vallée, entourée de rochers escarpés. Nous arrivâmes enfin avec beaucoup de peine à *Rio Homen* ; nous avions intention de nous mettre à l'abri du feu dans la rivière, mais le vent, par bonheur, était calmé, le feu fit peu de progrès, et s'éteignit enfin.

Le nombre des bestiaux est considérable dans ces montagnes. Au printems on y mène les génisses ; elles y restent jusqu'en automne : les gardiens se relèvent de tems en tems. Quant aux bœufs de labour, on les mène dans les pâturages plus bas, du moins cela se fait-il toujours le dimanche. Les vallées, et surtout celle de *Caldas*, sont supérieurement bien cultivées. L'on a gagné du terrein sur les montagnes, par-tout où cela était possible: on voit souvent un champ de maïs entre les rochers et dans des lieux presqu'inabordables. La terre est quelquefois mise en terrasses et soigneusement arrosée, pour en faire des prairies artificielles, qui, la plupart, ne produisent que de l'herbe à miel (*Holcus lanatus*). Aussi a-t-on commencé à cultiver les pommes de terre.

Les raisons que nous avons exposées plus haut, nous ont empêché de mesurer la hauteur précise de la montagne. La neige n'y séjourne pas longtems; cependant elle tombe aux environs du *Murro*, en si grande quantité, que l'on plante des perches, ou que l'on fait des amas de pierres, pour indiquer la route. Nous avons vu un grand nombre de ces marques. Les montagnes paraissent plus roides, plus sauvages et plus roccailleuses qu'élevées; quant au *Murro*, je lui suppose 3 à 4,000 pieds de hauteur. Il est bien inférieur à l'*Estrella*.

Les montagnes vers l'est de *Caldas* sont pareillement très-roides, mais non pas hautes; le sentier, qui mène de *Caldas*, en droite ligne, par-dessus la montagne, au village de *Covide*, est très-pénible. De l'autre côté de ces montagnes, vers le village que je viens de nommer, on voit des ruines, qui probablement datent d'une ancienne forteresse, quoique les habitans les disent des ruines d'une ancienne ville, nommée *Chalcedonia.* Il n'est pas probable qu'il ait existé une ville dans des contrées aussi sauvages, remplies de rochers, et sur la pente d'une montagne. Quant aux ruines mêmes, elles sont renfermées dans un endroit trop circonscrit, pour pouvoir être celles d'une ville. Il nous a été impossible de découvrir aucune inscription, ou rien qui la fît soupçonner; nous ne vîmes que des murs écroulés, comme dans nos vieux châteaux forts. Je ne trouve ailleurs dans aucun auteur des indices sur l'origine de cette opinion singulière du peuple. La belle plaine, entourée de montagnes couvertes de forêts, montre des traces évidentes d'un grand chemin, construit par les Romains, qui passait également par la *Portela de Homem;* on y voit beaucoup de colonnes et de pierres milliaires avec des inscriptions. Les grands rochers de quartz, qui s'élèvent dans cette plaine de granit, sont importans pour la minéralogie.

En allant de *Covide* dans cette plaine, jusqu'aux frontières de la Gallicie, on arrive dans un grand village, nommé *Villarinha do Furno.* Derrière ce village s'élève une chaîne de montagnes roccailleuses, appelée *Serra Amarella*, et qui forme la frontière. *Villarinha* a beaucoup d'habitans riches. Nous vîmes ici une grande quantité de miel; ce qui n'est pas rare dans ces montagnes; mais quant au lait et au beurre frais, on n'en trouve pas très-souvent en Portugal. Les habitans avaient un grand nombre de boucs, dont les peaux sont vendues dans le *Douro* supérieur, où elles servent à faire des outres à vin. Nous fûmes obligés de nous loger ici chez un paysan très-aisé, que notre guide nous indiqua, au défaut d'une auberge. La maison, construite comme toutes celles du Portugal, était d'un seul étage, mais sans fenêtres, avec un plancher troué, et ne se distinguait guères des autres maisons de l'endroit. Mais son intérieur ne manquait de rien de ce qu'on peut attendre dans l'habitation d'un paysan. Les jambons, le lait, le beurre, y étaient bons et en abondance. Nous eûmes occasion de voir que la nombreuse famille de notre hôte vivait bien et commodément, et que beaucoup de paysans allemands auraient lieu d'envier une pareille aisance. On nous prépara de très-bons lits, garnis de draps blancs et propres. Nous ne nous attendions pas à trouver toutes ces choses dans une maison pareille; aussi nous sommes-nous trompés souvent de cette manière. Le voyageur qui passe rapidement, aurait sans doute pris *Villarinha* pour un pauvre et chétif village; mais la manière polie, franche et pleine de bienveillance, dont on nous reçut, l'affabilité avec laquelle on nous entretint, et l'attention recherchée qu'on nous témoigna, attention que chez nous on prendrait pour la preuve d'une bonne éducation, tout cela, dis-je, nous charmait bien plus encore que la bonne nourriture, que depuis longtems nous trouvions ici, pour la première fois. La maîtresse de la maison accepta avec répugnance, et après bien des instances, une pièce d'argent, à notre départ, qui, en vérité, pouvait bien être l'équivalent de la nourriture, mais non pas celui de la propreté et de la netteté des lits, dans un pays tel que celui-ci. Elle disait que c'était trop, et vint depuis quelquefois chez nous, pendant notre séjour à *Caldas*, pour nous faire un cadeau de beurre frais. Ce n'était que par bonté naturelle ; elle ne pouvait s'attendre à rien ; notre guide nous avait mené chez ces bonnes gens, sans nous connaître. Certes nous étions les premiers étrangers qui, depuis longtems, se détournaient, pour voir ce village, et pour y chercher quelques pierres, ou des plantes.

Que ne puis-je recommander à la bienveillance publique ces aimables habitans, que le sot orgueil des Anglais a couvert d'infamie !

Le peuple de *Caldas* et des environs jouit d'une plus grande aisance que dans le reste du Portugal ; aussi est-il vif et gai. Nous entendîmes par-tout la nuit une guittare, accompagnant une voix d'une monotonie insupportable. J'ai vu ici plusieurs danses mêlées de chant, que je ne vis nulle part ailleurs en Portugal; elles formaient une espèce de drame; les sujets en étaient, par exemple, la conversation d'un père avec son fils amoureux, qui, dans une danse mimique, se plaignant de ses amours, en recevait des reproches, et enfin son pardon. Le chant et la danse mimique continuaient même pendant que la société traversait le village. Les spectateurs avaient coutume d'y applaudir, en battant des mains. La même vivacité paraissait aussi dans leurs discours. Notre guide nous assura que nous verrions le monde entier, depuis le sommet du *Murro de Burrageiro*, et lorsque nous en plaisantâmes, il nous répondit que, pour lui, le monde entier était le royaume du Portugal, croyant n'avoir rabattu que d'une bagatelle. La description que cet homme fit de quelques grands chênes, d'une plaine marécageuse, d'un arbre que personne ne connaît (c'était le *Crataegus Aria*, l'*arbre à farine*), était poétiquement outrée.

Les nations peu civilisées croient leur pays le premier et le plus beau de la terre.

Les

Les Portugais , ainsi que les Espagnols, tiennent à cette opinion. Je pourrais citer à l'appui plusieurs anecdotes : une ou deux de cette espèce suffiront. Dans une de mes promenades botaniques, non loin d'*O-Porto*, j'entrai dans un cabaret, et n'y trouvant que du vin et du pain sec, il m'échappa quelques expressions dures contre le pays. L'hôte répondit : *Porem todos dicem que o reino de Portugal è a melhor terra do mundo* : « Cependant tout le monde dit que le royaume de Portugal est le meilleur pays du monde. » Le *Corrégidor* de *Viseu* nous dit : *Portugal e pequeno porem e un turon de azucar* : « Le Portugal est petit, mais c'est un bijou. » Monsieur le *Corrégidor* nous pardonnera d'être d'un avis différent du sien, surtout à l'égard de *Viseu*.

CHAPITRE XXX.

Voyage à Amarante. — Le Marao. — Pezo de Regua. — Sur les chansons du Peuple portugais.

APRÈS avoir visité ces montagnes, nous nous mîmes en route pour observer la seconde chaîne de montagnes du Portugal, nommée *Serra de Marao.* Nous nous dirigeâmes au sud, en passant par *Villar de Veiga*, où l'on voit de très-belles vallées, près du *Rio Caldo*, et ensuite nous traversâmes *Padrieros*, qui est un village : d'ici notre chemin nous conduisit à *Nossa Senhora do Porto,* village où il y a une belle église et une image de la Ste. Vierge opérant des miracles, et puis à *Fofé,* grand village qui contient beaucoup de maisons neuves et belles, à six *legoas* de *Caldas.* Les vallées de ces environs s'élargissent, mais elles sont tout aussi bien cultivées que peuplées. On cultive ici beaucoup de millet(*Panicum miliaceum, milho miudo*) et du fenouil (*Panicum italicum, milho panico*), ainsi que des arbres fruitiers. La ville de *Guimaraens*, qui est près d'ici, et les environs, font un commerce de fruits secs, surtout de prunes qui sont petites et d'une mauvaise qualité. Dans les environs du bourg de *Lixe*, les vallées s'ouvrent de plus en plus, mais à quelque distance delà les montagnes sont nues et stériles. Le bourg de *Lixe* est très-peuplé, et jouit d'assez d'aisance : l'on y construit de nouvelles maisons, mais on n'a pas une bonne opinion des habitans de l'endroit. Depuis *Caldas* on rencontre sur la route de bonnes auberges, mais tout y est cher. Depuis *Amarante* on a la vue de la chaîne des montagnes du *Marao*, qui s'étend du nord-est au sud-ouest, et qui, dans le lointain, ne paraît pas si découpée et si grotesque que le *Gerez*. On soupçonne qu'elle est composée d'un autre genre de pierres que le granit, que, jusqu'à présent nous avions rencontré.

Amarante, à quatre *legoas* (1) de *Fofé*,

(1) Les *legoas* du *Minho* sont plus forts que dans

est une ville (*villa*) considérable près de la rivière *Tamega*, qui sépare le faubourg, et qui s'unit à la ville par un beau pont construit en pierres. Cette ville fait partie du *Corregimento* de *Guimaraens*; elle n'a par conséquent qu'un *Juiz de Fora*. *Lima* porte, dans sa géographie, le nombre de ses habitans à 1108 âmes, nombre beaucoup trop petit, puisque dans la ville et les faubourgs, on les porte à 2000; ce calcul est très-probable. On y voit beaucoup de belles maisons; les familles nobles y étaient nombreuses, et les habitans vantaient le bon ton qui régnait dans les sociétés. Les environs sont des plus beaux; la vallée est cultivée et ombragée comme les vallées du *Minho*; mais on y trouve encore, outre les chênes et les châtaigniers, des pinies, des pins et des arbres à liège, des *Quintas* ornées de cyprès portugais, aussi élevés que beaux. Un beau fleuve anime le tableau, de manière qu'*Amarante* mérite son nom charmant, tant au physique qu'au moral.

---

les autres provinces, surtout ceux de *Caldas* jusqu'à *Fosé*. Ils égalent les milles d'Allemagne.

A quelque distance d'*Amarante*, on monte les premières montagnes du *Marao*; leurs cîmes sont stériles, mais les vallées sont ombragées et cultivées. Jusqu'ici tout est granit. Derrière un village nommé *Ovelha*, on s'élève sur la haute *Serra de Marao* même, dont le chemin est escarpé, mais assez commode; les montagnes sont nues, dépourvues d'arbres et d'arbrisseaux, couvertes seulement d'un gazon sec et stérile : on n'y voit ni les rochers saillans, ni les cascades du *Gerez*, mais elles sont bien plus arrondies : enfin ce sont des montagnes toutes différentes; aussi sont-elles, quant aux beautés naturelles, bien inférieures à celles dont j'ai parlé plus haut. Non loin d'*Ovelha*, on voit encore du granit en couches, du schiefer-thon, mais d'un gros grain, et entre-mêlé de mica. Ce granit se forme sur les cîmes des rochers isolés, et ne se voit plus en couches, de manière qu'on pourrait la nommer du trapp. Ici nous découvrîmes en elle un fossile remarquable et inconnu jusqu'ici, que nous appellâmes *Maronite*. La vue depuis ce sommet est fort étendue, mais peu remarquable. On voit d'ici une partie de la province *Traz os Montes*, sur les limites de laquelle on se trouve, ainsi que sa chaîne de montagnes assez élevées, mais nues et stériles. La hauteur du *Marao* ne le cède en rien à celle du *Gerez*; il est peut-être même plus haut. La neige séjourne souvent pendant un mois sur son sommet, et jadis on amassa ici la neige dans des fosses et dessous des maisons que l'on voit encore, et d'où on la transportait sur le *Douro* à *O-Porto*. Ce commerce a cessé depuis quelques mois.

Nous descendîmes la montagne du côté du sud, près d'un village nommé *Campean*, qui est situé sur un plateau assez élevé. Ce village forme, avec ses forêts et ses champs, pour ainsi dire, une île sur ces montagnes dégarnies. Le sol en est fertile, et l'eau jaillit par-tout dans un fond, car la plaine est presqu'entièrement entourée d'élévations assez considérables. Les petites forêts consistent en châtaigniers, en chênes et en bouleaux, qui, comme je l'ai déja observé, ne se trouvent que sur les hautes montagnes du Portugal. On y voit quelques plantes extraordinaires, par exemple, une nouvelle espèce de genêt, de 20 à 30 pieds de haut. Dans les champs on cultive abondamment du millet et du seigle. Le froid est très-grand en hiver; il y tombe de la neige, et même les nuits d'été sont très-froides pendant longtems.

On ne compte que trois *legoas* depuis *Amarante* à *Campean*, mais ils sont très-forts.

Nous poursuivîmes notre route de *Campean* à *Pezo da Regua*. D'abord on marche à travers de belles forêts de châtaigniers, ensuite on aperçoit, à un *legoa* de *Campean*, auprès du petit bourg de *Santa-martha*, des collines, entièrement couvertes de vignes, et qui continuent pendant deux *legoas*. Nous nous crûmes transportés dans le *Quercy*, province couverte de collines et de riches vignobles. *Pezo da Regua* est un bourg (*concelho*), fameux pour le dépôt de vin d'*O-Porto* qui s'y trouve, et pour le meilleur vin d'*O-Porto* qu'il fournit. Ce lieu est bâti sur le penchant d'une colline, tout près du *Douro*, qui coule ici entre des collines escarpées, et composées de schiefer - thon, entre - mêlé de mica par couches minces. On ne voit ici que des vignobles ornés de maisons, dispersées et belles en partie. Le lit du fleuve est pierreux, et n'est navigable en été que pour de petites barques, mais en hiver il l'est aussi pour de gros vaisseaux. Le commerce de vin rend cet endroit très-vivant, quoiqu'il soit petit, car sa population n'est que de 1040 âmes, et contient 315 feux. Il est bon de savoir que beaucoup de vignerons et plusieurs marchands de vin n'habitent pas le bourg même, mais les maisons dispersées dans les environs, dont le séjour est bien plus agréable.

Le bourg appartient à un district sur les bords du *Douro*, qu'on appelle le *Douro supérieur* (*o alto Douro*). Ce district commence vers l'est, près de *Villa Real*, proprement dit *St. Joao de Pesqueira*; il s'étend jusqu'à l'endroit où la petite rivière *Teixeira* se jette dans le *Douro*; il a un peu plus de trois milles de long et presque quatre milles de large. La population montait, en 1781, à 44,660 âmes, et contenait 12895 feux, divisés en 78 paroisses. C'est ce district qui fournit le vin connu sous le nom de *vin d'O-Porto* ; son produit annuel est de 90,000 pipes. Il existe une topographie très-exacte, mais mal écrite, de ces environs, par *Francisco Pereira Rebello da Fonseca*, dans la troisième partie des *Memorias economicas* de l'Académie de Lisbonne. Les nombres indiqués dans cet ouvrage, coïncident avec ceux qu'on fixe dans le lieu même. La situation de *Pezo* est très-favorable à la culture des vignes. Les collines escarpées s'abaissent vers le sud, et sont d'une ardoise noirâtre, qui, par son ardeur extrême, contribue beaucoup à la chaleur générale des environs. La vallée est étroite ; le *Marao* très-élevé la met à l'abri des vents du nord; les vents de la mer n'y peuvent pas pénétrer. Enfin cette position est favorable à la chaleur, et la proximité du *Marao*, couvert de neige, y doit occasionner des hivers rigoureux. Nous endurâmes ici, à la fin du mois de juillet, dans l'été de 1798, des chaleurs étouffantes, qui, même dans les nuits étaient insupportables. L'air paraissait sortir d'une fournaise. L'eau qui y est mauvaise, en rendait le séjour plus désagréable encore. Il y a tout près d'ici, le long des bords du *Douro*, des marais qui proviennent des débordemens de ce fleuve en hiver, et qui occasionnent probablement les fièvres tierces qui règnent ici ; en un mot, il n'est pas étonnant que les gens de distinction n'aiment pas ce séjour, et qu'ils demeurent dans les vignobles. Cette vallée embrâsée est ornée d'un grand nombre de plantes remarquables, qu'on apporte en partie d'Espagne, et qui viennent fort bien ici. Nous eûmes ici également occasion d'observer l'effet de la grande chaleur sur l'homme. Tout était mort et tranquille à midi; à quatre heures, on vit le peuple occupé ; après le coucher du soleil, les gens de distinction quittèrent leurs maisons. La nuit, c'était un bruit continuel; les femmes, légèrement vêtues, étaient assises sur les balcons devant les fenêtres, pour prendre l'air ; le crépuscule ne leur fit rien perdre de leur beauté. Elles semblent plus voluptueuses que le sexe portugais n'a coutume d'être, et paraissent, comme les végétaux de la vallée, tenir plutôt de la nature espagnole. Mais peut-être était-ce par hasard que l'auteur de ce voyage fût témoin de procédés, que le beau sexe de distinction de Portugal n'a pas coutume de se permettre avec autant de hardiesse. Peut-on le blâmer ? Comment faire pour passer les longues nuits, dans un pays où la chaleur et le bruit ne permettent pas de dormir.

La guitarre et le chant élégiaque et monotone du peuple portugais ne cessaient pas de toute la nuit, et duraient jusqu'au lever du soleil. Quand on est à une distance où il est impossible d'entendre les paroles, il n'est pas agréable d'écouter cette musique pendant longtems. La première strophe surprend souvent par la mélodie plaintive, simple et douce, mais c'est en vain que l'on desire plus de variété, c'est toujours la même chose, et quand un beau gosier de femme fait naître un sentiment, une vilaine voix d'homme l'étouffe. C'est d'autant plus malheureux, parce qu'on n'entend les femmes chanter que rarement, et que les hommes ne discontinuent pas.

L'habitant des campagnes en Allemagne, surpasse, à l'égard du chant, de beaucoup celui d'Angleterre, bien plus encore celui de France, et infiniment celui d'Espagne et de Portugal. Le chant monotone, criard et traînant des hommes, commence déja en Gascogne ; il est désagréable en Espagne et en Portugal. Ajoutez à cela une guitare si mauvaise, qu'on n'entend que le bruit du bois, et vous serez capable de vous former une idée des sérénades que les amoureux donnent la nuit à leurs belles.

Mais il n'en est pas ainsi des paroles. Les chansons du peuple français sont trop connues, pour avoir besoin d'une comparaison. Elles unissent à beaucoup d'esprit, (surtout en patois), une naïveté singulière et charmante, qui, ainsi que les paroles, est particulière à cette nation. Une innocence, toujours illusoire, une bonhomie, qui n'est que malice, une volupté des plus recherchées, président aux chants et à la conduite de ce peuple. Quant à nous autres Allemands, nous n'avons point de chansons populaires, mais nulle part ailleurs que chez nous l'on n'entend les polissons chanter dans les rues les beaux airs des Opéra et les chef-d'œuvres de poésie de la nation. Les chansons du peuple anglais brillent par une imagination très-énergique (qui certes règne bien plus au nord qu'au midi), par des passages hardis et pleins de génie; mais aussi abondent-elles en obscénités; jamais elles ne sont naïves, encore moins plaintives. Les chansons des Espagnols sont, ou sérieuses et descriptives, solemnelles et remplies de sentimens, ou elles étalent un esprit piquant, et sont remplies d'obscénités choquantes. Les chansons du peuple portugais sont plaintives; elles parlent presque toujours de la douleur de l'amour, elles sont rarement lascives et peu satiriques. On étale l'esprit dans la prose: il est surprenant d'entendre souvent un simple paysan déguenillé, dans un langage qui s'éloigne bien moins que tout autre de celui des gens de distinction, chanter: « O ma bergère, écoute mes plaintes, écoute mes soupirs! etc. » La syllabe finale *ao* (*aoung*) prononcée d'un ton mâle, reçoit surtout dans le mot *coracao* (*cœur*) un accent tendre et agréable; leur *minha menina* (ma bergère), est l'expression la plus douce qu'on trouve dans aucune langue. Parmi ce peuple, supposé barbare, règne une tendresse compatissante. Dans les tempêtes de novembre 1798, un vaisseau, dans lequel il y avait un paysan très-aisé des environs de *Coimbre*, fit naufrage. Sa jeune épouse se refusa à toutes les consolations; pendant huit jours elle ne prit aucune nourriture, et expira de douleur.

Un jour arrivera où les lumières bienfaisantes de la philosophie, pénétreront chez toi, peuple longtems méconnu; mais puissent-elles ne pas être accompagnées du despotisme d'un *Pombal* !

CHAPITRE XXXI.

De la culture de la vigne en Portugal.

C'est ici l'endroit le plus convenable de parler de la culture des vignes portugaises, qui composent une des branches essentielles du commerce et de la consommation de ce peuple. Ce n'est que les vins des bords du *Douro* supérieur, connus sous le nom de *vins d'O-Porto*, ceux de *Carcavelos*, près de Lisbonne, et les vins de *Sétuval*, qui sont exportés à l'étranger ; quant aux autres, ils sont consommés dans le pays même, ou transportés dans les colonies. Le Portugal ne produit pas, à beaucoup près, pas même en proportion de son étendue, la variété des vins d'Espagne ; ils sont aussi, en général, inférieurs à ceux-ci en qualité. On trouve assez souvent du bon vin, et quelquefois de l'excellent, dans les cabarets les plus ordinaires de l'Espagne ; en Portugal il est ordinairement mauvais. Le vin d'Espagne a beaucoup de feu, qualité que l'on donne à celui du Portugal, en y mêlant de l'eau-de-vie. Il est bien sûr que le Portugal pourrait avoir d'aussi bon vin que l'Espagne, mais il faut convenir, qu'en général l'industrie et la culture y sont portées à un plus haut degré de perfection qu'en Portugal.

Les Portugais sont de sobres buveurs; ils se contentent même, dans les bons repas, de mauvaise piquette. Lorsqu'on veut se régaler, on boit du vin d'*O-Porto*. On sert à-la-fois le vin de *Carcavelos* avec celui de *Madère*, et le dernier étant en Portugal d'une qualité supérieure, il bannit aisément le premier. Le vin de *Sétuval* se boit plus rarement encore.

Il a paru dans ces derniers tems, en Portugal, beaucoup d'écrits sur la culture de la vigne. La seconde partie des *Memorias economicas* de l'académie, par *Constantina Botelho de Lacerda Lobo*, professeur de physique à *Coimbre*, contient quelques bonnes observations sur cet objet. J'ai lu ces écrits, et j'en ai profité; mais ce

que

que je vais dire est le résultat de mes propres observations.

On choisit, comme par-tout ailleurs, des collines et des montagnes pour la culture de la vigne, et ici, près de *Pezo*, on l'a plantée sur des pentes tellement roides, qu'il faut arrêter la terre à l'aide de petits murs, et en former des terrasses (*Geios*). Mais on la cultive assez fréquemment dans les plaines, où elle réussit très-bien, à moins qu'elles ne soient sablonneuses. Les vallées et les plaines ombragées ne donnent même ici qu'un vin médiocre; on ne devrait jamais les y employer. Les ceps sont appuyés d'échalas courts, à l'exception de la province du *Minho*, comme il a été dit plus haut. Là on plante la vigne auprès des arbres, dont elle entoure les branches, coutume qui embellit la contrée, mais qui fournit du vin détestable. Dans les *Quintas* on fait servir la vigne à former des berceaux, mais le vin en est moins bon que celui des vignes ordinaires, quelque belles que soient leurs allées. Les espaliers s'appellent *latada* en portugais, dans le *Minho*, *pareira*. On dit que dans la province *Traz os Montes* l'on plante la vigne assez séparée l'une de l'autre, dont les espaces sont ensemencés de blé. Sur les bords du Tage, au sud de Lisbonne, on cultive des légumes parmi les vignes. Il arrive d'ailleurs assez souvent, qu'en plantant une vigne, on sème du blé la première année.

On varie la vigne aussi souvent en Portugal que dans les autres pays : leurs noms sont portugais d'origine, mais ils diffèrent selon les contrées; le même nom indique souvent plusieurs espèces dans des lieux différens. C'est à *Pezo* que l'on fait le meilleur vin rouge, d'un raisin noir et tardif, qui croît sur une vigne dont les feuilles sont profondément découpées et très-rudes. Souvent on plante une grande variété d'espèces l'une parmi l'autre; auprès de *Camego*, par exemple, on en cultive soixante-sept ensemble, chose qui, sans doute, est avantageuse d'un côté, mais qui l'est aussi très-peu de l'autre. La distance à laquelle les vignes sont plantées diffère beaucoup.

La manière de tailler la vigne (*noda*) est très-importante. Pour celles qui sont très-élevées dans le *Minho*, et qui donnent les vins verts, *vinhos de enforcado*, ou *embarrado*, on ne les taille que tous les deux ans, quelquefois plus rarement encore. Pour le reste, on le fait chaque année, dans les pays froids, en automne, et dans les pays chauds, aux mois de janvier et de février. Cette opération est très-diversifiée; c'est ici que le vigneron peut développer son talent. Peu avant, ou peu après la floraison, ou lorsqu'il y a trop de raisins, on a coutume d'élaguer les branches superflues, travail qui s'appelle *esfolhar*.

Ici, dans la partie supérieure du *Douro*, on attache les branches soigneusement à des échalas (*empa* ou *erguida*), ce qui se fait quelque tems avant ou après qu'elle a *boutonné*. Ailleurs on entortille les branches simplement autour d'un arbre, pour les attacher. Je n'ai pas vu qu'on ait tressé les branches en festons et appuyées d'échalas, comme cela se pratique à *Bigorra*; cependant on dit que cela est usité dans les environs de *Traz os Montes*.

Un second travail très-nécessaire, et qui se fait tous les ans, c'est de herser la vigne, pour rendre le terrein plus mou, et détruire les mauvaises herbes. Cela se fait au printems, avant qu'elle ne pousse des feuilles; c'est pour lors que l'on voit dans les vignobles des hommes en foule occupés à ce travail. On le répète peu de tems avant qu'elles fleurissent, et on appelle cette opération *redrar*. Durant les trois premières années, après avoir planté la vigne, on creuse une fosse autour de chacune, en automne et avant la chûte des feuilles, pour rafraîchir les racines, et pour donner à la vigne l'humidité requise ; c'est pour cette raison que, dans des environs qui sont humides, on comble tout de suite les fosses; ce qui se fait plus tard dans des pays secs et chauds : cela s'appelle *escavar*.

Dans le *Douro* supérieur, et dans d'autres contrées montagneuses, l'on fume la vigne, après dix ou douze ans. On entasse des matières combustibles, comme des vieilles branches, des plantes desséchées, etc., entre-mêlées d'argile ; on allume le tout, et après l'avoir réduit en cendres, on s'en sert au lieu de fumier. Cette manière de fumer n'est pas nuisible, et mérite d'être imitée ; mais peut-être n'est-elle pas applicable dans les pays moins chauds, qui manquent de ces combustibles.

L'augmentation des vignes se fait en séparant les racines, ou par les boutures (*mergulhar*), en mettant des rejetons qui n'ont que deux boutons, dans une fosse, usage très-commun chez nous. Les jeunes plants qui en proviennent, sont appelés *barbados*, à cause de leurs racines, et l'on s'en sert pour planter de nouvelles vignes. Cependant cette coutume n'est usitée que pour garnir des endroits vides; mais, parmi celles-là, l'on met des branchages (*bacelleiros*) sans racines, et qu'on couvre à moitié de terre et à moitié de branches, et ils se plantent après la vendange, à la fin du mois de janvier. On améliore les vignes pareillement en les greffant, opérations qui sont faites comme chez nous.

Dans la partie supérieure du *Douro*, la vendange se fait quand les raisins commencent à se rider. Il est difficile et très-coûteux dans ces environs, de faire transporter les raisins au pressoir, car le district entier n'est que rochers escarpés, et des vallées étroites. On foule les raisins, ce qui occupe un grand nombre de personnes durant la vendange; la population de cette province ne peut pas non plus fournir tous les bras nécessaires à ce travail. C'est pourquoi beaucoup de *Gallèges* se rendent ici, pour offrir leurs services pour cette occupation. Une cuvée donne depuis 8 jusqu'à 20 pipes. Le véritable vin d'*O-Porto* est un vin rouge, qu'on laisse pendant soixante-douze heures sur le marc des raisins, quand le vin doit être exporté (*vinho de Feitoria*); on ne l'y laisse que vingt-quatre heures, quand il est destiné à la consommation dans le pays (*vinho de ramo*). Pour le vin blanc, il n'y a que six districts qui le produisent, mais il est d'une qualité moins bonne que le premier; cependant on cultive du bon vin blanc dans quelques environs du *Douro*, qui ne donnent pas du véritable vin d'*O-Porto*.

Quand le moût est dans les tonneaux, on y ajoute de la forte eau-de-vie, qui, même dans les meilleurs vins, en fait la douzième partie. L'on ne trouve pas de véritable vin d'*O-Porto* (*vinho de Feitoria*) sans eau-de-vie; il ne faut pas non plus nommer cette addition falsifier le vin, car cela se fait dès la première préparation. Ceux qui n'aiment point ce goût d'eau-de-vie, sont obligés de boire le vin de ces districts, qui souvent est excellent, et qu'un connaisseur pourrait bien préférer à tous les vins destinés à être exportés. Du moins, celui-ci ne contient-il pas autant d'eau-de-vie. Il est incontestable que le goût des Anglais, et leur desir pour les boissons enivrantes, est la cause pourquoi on y ajoute une si grande quantité d'eau-de-vie; cependant c'est avant leur fermentation qu'on en met dans tous les vins de Portugal. On soutient qu'il est impossible de les conserver sans ce moyen : cela peut être très-vrai, parce qu'il n'y a pas de caves en Portugal. On garde les vins dans des celliers au niveau de la terre; c'est là qu'ils fermentent. Il est bien étonnant que personne n'ait senti cet inconvénient, et qu'aucun auteur n'en ait parlé. Il n'est pas douteux qu'il n'ait des suites fâcheuses, et que, par cette raison même, les Portugais ne sauraient préparer des vins légers et fins, comme ceux de France, et qu'ils soient obligés de s'accommoder exclusivement au goût des Anglais.

Les vins que l'on fait ici partent tout de suite pour *O-Porto*, où, après trois ans, on les met dans des magasins avant de les exporter.

Quant à l'histoire du commerce du vin d'*O-Porto*, je la donnerai ici, d'après un mémoire renfermé dans le troisième tome des *Memorias economicas* de l'académie de Lisbonne. Elle repose principalement sur l'histoire du commerce exclusif de la compagnie du *Douro supérieur*; elle est instructive et agréable sous plusieurs rapports. Cela ne sera ni un extrait, ni une traduction de ce mémoire, je ne ferai usage que des faits qui y sont rapportés.

L'an 1681, le *Douro* supérieur était encore un pays peu cultivé et très-pauvre. Les Anglais, aussi bien que la plupart des nations de l'Europe, aimaient alors les vins doux; il n'y avait que peu d'endroits de ce district propres à cette production. Lisbonne fournissait alors ces vins en grande quantité. L'exportation du vin d'*O-Porto* n'augmentait pas immédiatement après la traité de *Methuen*, en 1703, mais pour lors le goût pour les vins rouges faisait des progrès ; les Anglais qui s'établirent de plus en plus dans ce pays, favorisèrent la culture de la vigne, pour l'avoir à meilleur prix ; ils réussirent si bien, qu'en 1750, 55 pipes du vin le plus exquis ne coûtèrent que 10,000 reis. Ce qui fit que même les membres de la direction anglaise commencèrent à avoir des craintes ; ils redoutèrent que ce prix trop bas ne nuisît à leur propre commerce, et s'assemblèrent pour discuter sur cet objet. Mais un négociant rusé, nommé *Stuart*, trouva moyen de faire échouer toutes les tentatives pour faire hausser les prix, et il parvint à fixer leur attention sur un négociant espagnol, nommé *Bartholomeo Pancorvo*, pour l'écraser. *Pancorvo*, homme à projets, avait dessein d'étendre son commerce jusques chez les puissances du Nord, et il offrit des prix plus forts ; mais il manquait de fonds ; ses moyens ne suffisant pas pour continuer cet achat considérable de vin, il fut obligé de faire banqueroute. Les Anglais falsifiaient beaucoup le vin dans ces tems ; ils le mêlèrent au vin acide de *Beira* et du *Minho*, le colorèrent; enfin ils firent tant, qu'il fut sur le point de perdre sa réputation.

Le gouvernement établit, en 1756, la compagnie du *Douro supérieur* (*a compania do alto Douro*), qui existe encore, et qui a fait beaucoup de bien au pays, quand même son institution serait vicieuse à bien des égards. Elle est composée d'un *Provédor* (inspecteur général), de douze *Deputados* (députés), de six *Conselheros* (conseillers) et d'un secrétaire. Ceux-ci établirent une espèce de justice, composée d'un *Desembargador Juiz Conservador* (président de la justice), d'un *Desembargador Fiscal* (fiscal) et d'officiers inférieurs; d'un *Escrivao*, d'un *Meirinhox*, de *Caixeros*, *Feitores*, *Administradores*, etc. : arrangement compliqué, qui, par an, coûte 100,000 cruzades. La compagnie dépend immédiatement du roi, et n'est sujette à aucun tribunal; c'est pour cette raison qu'elle se permit bien des vexations. Son but était de soutenir la réputation du vin, et d'établir des prix fixes. Ses fonds consistaient en un million 200,000 cruzades, qui n'étaient pas uniquement destinées à l'achat du vin, mais aussi pour faire des prêts aux cultivateurs, à 3 pour cent. Peut-être cela s'est-il fait bien rarement, car on trouve toujours moyen de l'éluder.

La compagnie n'a pas proprement le monopole du vin du *Douro* supérieur. Les membres sont obligés de recevoir le vin de chaque cultivateur à un prix fixe (1). Il est permis au cultivateur de vendre son vin ailleurs; mais il faut que cela se fasse par l'intermédiaire de la compagnie, qui reçoit 6 pour cent de la vente. On voit que ces arrangemens font naître un monopole très-onéreux. La contrainte alla plus loin encore. L'on dressa une carte avec un cadastre, où l'on marqua la quantité du produit de chaque vigne, d'après les cinq dernières années, et il fut défendu au propriétaire de vendre au delà de la quantité permise, ni à la compagnie, ni à quelqu'autre per-

(1) La pipe du meilleur vin coûtait d'abord 25 à 30 mille réis; le prix d'une moindre qualité était 20 à 25. En 1769 on haussa le prix de 25 à 30, et le premier de 30 à 36.

sonne; ce qui empêche l'augmentation de cette branche d'industrie. Ce qui est plus fâcheux encore, c'est que la compagnie ne manque jamais de prétexte pour ne pas acheter tout le vin, ou pour ne pas en faire l'acquisition au prix fixe.

On partagea la province du *Douro* supérieur en districts qui produisent *vinhos de Feitoria* (vins de la direction), et en ceux qui produisent *vinhos de ramo* (vins de branche. Ceux-là, comme les meilleurs, étaient destinés à être exportés dans les pays étrangers; ceux-ci partaient pour les colonies, et pour les autres provinces du royaume, mais ils sont soumis à la même contrainte que les premiers vins (1). La division même est fautive. Il y a des districts qui produisent un assez mauvais *vinho de Feitoria*; il y en a d'autres, par exemple, les paroisses de *Villarinho des Freires*, *Alcavoès do Corgo*, *Hormida*, *Abassas*, *Guiaës*, *Galafura*, *Convelinhas*, *Goivaes*, et d'autres, dont le vin surpasse la

---

(1) D'abord la compagnie reçut la pipe à 12,000 réis, et depuis à 10,500: prix très-bas.

plupart de ceux destinés à être exportés. Le vin d'*O-Porto*, nommé *vin de branches*, que nous bûmes dans de bonnes maisons, était si exquis, que d'abord je crus que le meilleur vin d'*O-Porto* était ainsi appelé, et je fus étonné en apprenant le contraire, et en goûtant le *vinho de ramo*, qui, à l'ordinaire, est moins bon. On fit l'impossible pour empêcher la falsification des vins de la direction, au moyen du *vinhos de ramo*. On défendit d'abord l'exportation des raisins pour les vins de la direction, et cela sous peine qu'ils ne pourraient fournir que des *vinhos de ramo*, et pour empêcher en général la contrebande. Cette mesure eut les suites les plus fâcheuses pour les pauvres propriétaires de vignes, qui ne pouvant faire leur vin chez eux, n'étaient plus en état d'en fournir à la direction. On dressa, pour cet effet, une carte en 1768, et un cadastre des districts qui fournissaient des *vinhos de ramo*. Comme ceci ne répondait pas aux attentes, on eut recours à des moyens vexatoires; on employa l'autorité militaire; on ruina, par cette mesure, beaucoup de familles; on démolit même les édifices qui servaient de celliers aux vins des districts de *vinhos de ramo*. Il est vrai que ces mesures violentes diminuèrent la falsification du vin, mais on conçoit aisément combien elles ont pu contribuer à la vraie amélioration d'une production aussi importante.

Les soins de la compagnie pour garantir la bonne qualité du vin, outre-passaient les bornes. En 1757, on défendit déja l'usage du fumier, parce qu'en vérité il augmentait la quantité du vin, aux dépens de sa qualité. Aussi donna-t-on l'ordre d'abattre tous les sureaux, à cinq lieues à la ronde, dans les environs du *Douro* supérieur, pour empêcher de colorer le vin avec le fruit de cet arbre. On étendit, en 1771, cette ordonnance sur les provinces de *Beira*, de *Traz os Montes* et du *Minho*. Mais on ne se souvint pas de la *phytolacca decandra*, qui est beaucoup cultivée dans la province de *Beira*, et dont on se servit pour colorer le vin, opération que j'ai vue moi-même. En 1773 on donna ordre de détruire toutes les vignes qui portaient des raisins blancs, et d'y greffer des raisins noirs, parce que ceux-là donnent, il est vrai, un vin plus abondant, mais aussi d'une plus mauvaise qualité. Cet ordre causa, en général, beaucoup de mal. La différence des prix entre le bon et le mauvais vin, n'étant pas très-considérable, on n'était pas soigneux dans le choix de la greffe; on préféra celles qui donnaient un vin plus abondant à celles qui en fournissaient d'une meilleure qualité. Comme il faut cinq années à une greffe pour porter du fruit, la perte du vigneron fut très-considérable. Il est à présumer que la compagnie elle-même, dit l'auteur que j'ai consulté, falsifie le vin, car elle expédie autant de *vinho de Feitoria* qu'elle en reçoit, malgré sa diminution de la neuvième partie, qui a lieu quand il est mis en magasin.

La compagnie fait un commerce exclusif du vin de *Feitoria* dans l'étranger, mais il passe presqu'uniquement en Angleterre. Ce ne fut qu'en 1780 qu'on réalisa l'idée raisonnable de faire partir immédiatement pour Pétersbourg des vaisseaux chargés de vin d'*O-Porto*. On a souvent répété ceci, mais la quantité qu'on expédie, n'est cependant pas très-considérable. Il est certain que le Portugal pourrait en faire passer beaucoup dans tous les pays du Nord : la consommation de ce bon vin, qui surpasse de beaucoup les vins ordinaires de France, augmenterait, si l'on n'y mêlait pas cette grande quantité d'eau-de vie, qui ne peut convenir qu'aux Anglais. Il est possible que le vin portugais mêlé d'eau-de-vie, ait corrompu le goût des Anglais, qui étaient bornés à ce vin. On a accordé en général à la compagnie 6 pour cent de droit de charge, et encore 16 pour cent de gain.

D'abord la compagnie eut le commerce exclusif de tous les vins, du vinaigre et de l'eau-de-vie, qui passaient de Portugal dans les colonies. Mais en 1776, on permit que les vins, les vinaigres et l'eau-de-vie de la province d'*Estremadura*, entrassent dans les ports de *Bahia*, *Fernambuco*, de *Paraiba*, et en général dans toutes les possessions d'Afrique et d'Asie. Sous le règne de la reine actuelle, on permit l'exportation de tous les vins de Portugal au Brésil, et on ne laissa à la compagnie que le commerce exclusif des vins du *Douro* supérieur

avec

avec le Brésil et les autres colonies, où passe une quantité considérable de *vinho de ramo*. En 1760 on donna à la compagnie le commerce exclusif de l'eau-de-vie avec les provinces de *Beira*, *Minho*, *Traz os Montes*, et les colonies, et on augmenta encore ses fonds de 60,000 crusades. Depuis 1773 il fut même défendu aux apoticaires de distiller. Le commerce de vins nécessaires à cet usage est libre. Les ports du Brésil et les autres colonies furent cependant exceptés de cette défense, comme je l'ai déja dit, et ils reçoivent actuellement de l'eau-de-vie d'*Estremadura*.

La compagnie reçut encore, à son établissement, le commerce exclusif du vin dans la ville d'*O-Porto* même, et dans ses environs, à la distance de trois *legoas* à la ronde, qu'en 1760 l'on étendit à quatre *legoas*, sous prétexte d'empêcher la falsification des vins. Cette prérogative donna d'abord lieu à une émeute, qu'on étouffa par la force ; les instigateurs de ces troubles furent sévèrement punis. La compagnie jouit encore de cette prérogative ; on voit écrit devant cha que cabaret les mots : *Com-*

panhia do alto Douro. Le peuple d'ici boit beaucoup de *vinho de ramo*.

En 1772 la compagnie obtint enfin le droit de fournir seule de vin les cabarets dans le district de *Pezo da Regua*, de *Pena-Guiao*, de *Mezao-Frio*, de *Barqueiros*, de *Teixeira*, de *Touraes* et de *Sabroso de Folha-Della*, également sous prétexte d'empêcher le frelatage du vin. Mais il est clair que cela ne se fit que pour augmenter les privilèges de la compagnie; car *Barqueiros* et *Mezao-Frio* sont des districts de *vinho de ramo*, et *Sabroso* ne produit aucun autre vin que celui-ci; *Teixeira* n'appartenait pas encore au *Douro* supérieur.

Voilà l'histoire d'un établissement, où l'on ne saurait méconnaître l'esprit de *Pombal*, qui en est l'auteur. On voit par-tout des efforts pour relever la splendeur du royaume, mais toujours par des moyens précipités et violens. Les gouvernemens tombent d'un extrême dans l'autre. Il fallait une ordonnance pour relever le commerce du vin de Portugal, et pour en exclure, du moins en partie, une nation étrangère. Il est vrai que l'établissement de la compagnie du *Douro* supérieur a atteint ce but. Mais fallait-il employer de telles vexations? Le ministère de la reine actuelle a allégé, à bien des égards, le fardeau imposé par le dernier gouvernement, pour être en opposition avec les mesures de *Pombal*. Mais ce gouvernement retomba dans une funeste inactivité, et n'eut d'autres vues que de rendre avec usure à l'état ecclésiastique ce dont *Pombal* l'avait privé.

CHAPITRE XXXII.

Voyage à l'Estrella. — Description de ces montagnes.

L'ÉTÉ était déja fort avancé; la chaleur excessive menaçait de dégarnir et de dessécher les champs; nous fûmes donc contraints de hâter notre voyage à l'*Estrella*, montagnes les plus élevées du Portugal. Près de *Pezo da Regua* est un bac sur lequel on passe le *Douro*; de l'autre côté de ce fleuve le pays s'élève subitement jusqu'à *Lamego*, ancienne ville (*cidade*), près de la petite rivière de *Balsamao*. Cet endroit est considérable; il contient 5,000 habitans, qui paraissent être dans l'aisance. Il y a deux paroisses et quatre monastères; c'est le siège d'un archevêque et d'un *Corrégidor*. La ville est renommée dans l'histoire par la constitution de *Lamego*, qui forme la loi fondamentale du royaume. On soutient que

Lacobriga, dont parle *Strabon*, se trouvait près d'ici. Les environs de la ville sont élevés et stériles ; mais le penchant des montagnes vers le *Douro* en est d'autant plus beau ; il offre par-tout les plus magnifiques vignobles, qui produisent un vin exquis et qui fournit à la subsistance des habitans de la ville. Dans quelques endroits le chemin est excellent et garni d'arbres. L'ardoise du *Douro* finit sur les hauteurs autour de la ville : ici les montagnes sont toutes de granit, et contiennent souvent de la mine de plomb.

Il y a des mûriers sur le penchant vers le *Douro* ; il est étonnant qu'en Portugal l'éducation des vers à soie soit absolument négligée, quoique le terrein, le climat et tout le reste y soient très-favorables. Cette culture serait beaucoup à desirer pour le *Minho* très-peuplé. On cultiva jadis beaucoup de mûriers , et l'on recueillit une quantité considérable de soie à *Traz os Montes*, et surtout dans les environs de *Braganza*. Mais les nouvelles qui nous sont parvenues de l'état actuel de cette branche de commerce, sont les plus désavantageuses.

Le gouvernement a eu l'idée de protéger l'éducation des vers à soie, et comme on lui représenta que la soie était mal filée, il fit venir des fileuses du Piémont, leur ordonna d'enseigner l'art de filer, et il voulut à-la-fois, que chaque fileuse portugaise fût munie d'un témoignage qui prouvât sa capacité dans cet art. Le résultat ne répondit pas à l'attente : les Piémontaises ne donnent que rarement ces témoignages, et souvent avec partialité ; elles cherchèrent à s'emparer de la fabrication de la soie, ce qui indisposa le peuple, et on coupa les mûriers, au lieu d'en planter. Nouvelle preuve qu'il y a des établissemens que le gouvernement ne doit pas protéger spécialement.

On trouve aussi dans ces environs le sumagre (*rhuscoriaria*), tantôt sauvage et tantôt cultivé ; il ne l'est que dans quelques endroits du *Traz os Montes*, et surtout dans le *Douro* supérieur. Il réussit dans les rochers et dans le sol le plus ingrat, et il se multiplie par les rejetons qui sortent de ses racines ; sa culture ne demande par conséquent que peu de soins. Quant aux jeunes branches, on s'en sert pour tanner les cuirs les plus fins d'*O-Porto*, et on en fait partir annuellement pour l'Angleterre et pour d'autres ports du Nord, jusqu'à 900,000 livres. La grande rareté des matériaux pour tanner, devrait être une raison pour les Portugais de s'occuper plus particulièrement de cet article.

Vers le sud de *Lamego*, la chaîne des montagnes s'élève de plus en plus; elle s'étend vers le *Douro*, mais quelques-unes de ses branches prennent leur direction du côté du sud. Comme on ne voit pas de vallées profondes et étroites, et que la pente de ces montagnes n'est pas très-escarpée, on pourrait s'imaginer, à la première vue, que leur hauteur n'est pas considérable. Les plantes qui y croissent, vous en font ressouvenir, surtout lorsqu'on se rappelle que, pour y arriver, on ne fait que monter, sans cependant s'être beaucoup fatigué. Depuis les environs de *Beira* ces montagnes paraissent très-élevées; le sol en est nud, et simplement couvert d'une bruyère courte; il est roccailleux. Dans les vallées on rencontre des chênes et des châtaigniers, mais en petit nombre. On cultive ici particulièrement du seigle, preuve d'un sol montagneux et ingrat, et d'un climat froid ; la récolte du seigle ne se fait qu'au commencement du mois d'août. Les villages depuis *Lamego à Crasto* à quatre milles de là, sont des plus misérables ; le paysan y paraît très-pauvre. *Crasto* est un bourg avec un grand couvent; le premier est situé dans un fond, c'est pourquoi il y a ici des vignes et des légumes.

Depuis *Crasto* jusqu'à *Visen* le pays devient plus gai et s'abaisse ; près de *Crasto* on passe le *Vouga*, qui se dirige vers *San Pedro de Sul*, où il y a des bains chauds, aussi fameux que fréquentés ; la rivière forme enfin un port près d'*Aveiro*. En passant par des forêts de châtaigniers et sur des montagnes couvertes de hautes bruyères, on arrive à un grand villagc, nommé *Calde*, dont les environs sont mieux cultivés, et dont les paysans paraissent assez aisés. Nous eûmes ici occasion de voir qu'il ne faut pas juger des maisons portugaises par leur aparence Nous fûmes accueillis dans une maison qui ne paraissait rien moins que belle, mais il y régnait une aisance, assez rare chez les paysans, ainsi qu'une gaîté, qui, du reste, est fort ordinaire en Portugal. La joyeuse hôtesse nous prit pour des contrebandiers, à cause de nos paquets, et un domestique *gallège* (gens connus par leurs bouffonneries) chercha à soutenir cette opinion. Ses plaisanteries nous apprirent que cette maison jouissait d'un bien-être peu commun.

Les montagnes s'applanissent bientôt, et forment une plaine, dans laquelle la ville de *Visen* est située. Quoique les environs paraissent plats d'ici, on ne s'en trouve pas moins sur une hauteur considérable, en raison du niveau de la mer. *La Serra d'Estrella* se voit distinctement vers le sud-est. *Visen*, qui est à neuf *legoas* de *Lamego*, forme une ville (*cidade*) considérable; elle contient 900 feux, trois paroisses et trois monastères; les rues en sont étroites, sales, et la plupart des maisons sont mal construites. C'est une ville très-ancienne: il règne une grande incertitude parmi les historiens, au sujet de son origine. Ici était située une ville du tems des Romains; quelques antiquités romaines, et surtout deux tours très-anciennes le prouvent. Cette ville est le siège d'un évêque et d'un *Corrégidor*; elle est surtout renommée par la grande foire qui se tient ici, une fois par an. Cette foire, dont aucun livre de géographie ni de statistique ne fait mention, est importante, parce que les propriétaires du centre du Portugal, qui, en partie, sont riches, se pourvoient ici des objets de luxe. La vente des bijoux même est importante. Les marchands dans le milieu du Portugal, pour lesquels la ville de *Visen* est plus proche que tous les autres ports de mer, viennent y chercher leurs marchandises. A une distance très-éloignée de *Visen*, dans les environs de *Thomar*, nous rencontrâmes beaucoup de voitures chargées, et destinées pour cet endroit. Après la foire, *Visen* redevient un lieu solitaire.

Dans les livres statistiques on parle plus souvent des mines d'étain que de la foire. Nous séjournâmes ici pour faire des recherches sur cet objet intéressant. Le *Corrégidor* nous dit que nos recherches seraient infructueuses; cependant il savait, par ouï dire, que jadis les environs de la ville renfermaient de telles mines. Nous rencontrâmes enfin un guide, qui promit de nous mener vers les fosses abandonnées ; mais nous trouvâmes qu'on n'y avait creusé que pour avoir de l'eau. Notre guide s'informa chez des vieillards, dont l'un nous mena enfin dans un endroit appelé *Burraco de Stanno* (fosse d'étain) ; mais nous ne vîmes encore ici aucune trace d'étain. Nos recherches pendant toute la journée furent inutiles. Cette chaîne de montagnes n'est composée que de granit, qui, à la vérité, décelait des traces de mine, mais ce n'était qu'un gravier arsenieux. J'observerai ici, qu'en Portugal on n'exploite aucune mine, à l'exception de celles de mercure, près de *Couna*, et de celles de *Figuiera*, qui contiennent du charbon de terre. Il est rigoureusement défendu de fouiller la terre, pour y découvrir des métaux : nous eûmes à cet égard une permission spéciale, sans laquelle nous n'aurions pas même osé recueillir des minéraux. C'est pourquoi je conseille à tous ceux qui font commerce de minéraux, de ne point se rendre directement en Portugal, crainte de tomber entre les mains de la justice de ce pays, sur laquelle je ferai quelques observations dans la suite.

Il y a des forêts de châtaigniers et de chênes, dans les plaines de *Visen*, mais aussi beaucoup de bruyères. Le terrein est graniteux. On cultive près de la ville beaucoup de légumes, et dans les champs on sème des pois chiches (*cicer arietinum*), du millet, de la queue de renard (*punnicum miliaceum italicum*), du maïs et du seigle.

Non loin de *Visen* commencent les premières montagnes de l'*Estrella*. On arrive à *Mengualde*, en passant par des montagnes peu élevées, et par des forêts de pins; *Mengualde* est un grand village à deux *legoas* de *Visen*. A mesure qu'on monte, les environs gagnent en beauté; ils sont mieux cultivés et plus agréables. Ce village nous surprit par le grand nombre de maisons neuves et belles; nous en sûmes bientôt la raison. Notre arrivée eut lieu précisément dans le moment d'une foire très-considérable, et où se vend une grande quantité de bestiaux. Les chemins étaient couverts d'hommes, ce qui donnait plus de gaîté encore à cette contrée bien peuplée. Ce beau pays continuait jusqu'à *Coutances*, autre village : le chemin conduit d'ici par des montagnes où le *Mondego* prend sa source ; à deux *legoas* de *Mengualde*, et près du village de *Penhanços*, on entre dans la belle plaine qui environne l'*Estrella* de ce côté. Cette plaine est une des plus riantes et des plus agréables du royaume. Elle n'est, à proprement parler, qu'une vallée large et plate, bornée d'un côté par le promontoire de l'*Estrella*, et de l'autre, par l'*Estrella* même. Celle-ci se présente en effet comme une montagne haute, mais dont la pente est douce et nue ; les promontoires s'abaissent en collines. La plaine même est supérieurement bien cultivée ; on y voit des champs de maïs et de seigle ; il y a aussi des vignes, et dans les environs ce sont des bosquets de pins et de châtaigniers. Beaucoup de villages qu'on aperçoit depuis *Mengualde*, et qui sont ornés de jolies maisons et de vergers, l'entourent. Les fruits que l'*Estrella* produit sont les meilleurs et les plus renommés du royaume. Nous fûmes agréablement surpris par la beauté des environs. Sur le premier degré de l'*Estrella*, à un *legoa* de *Penhancos*, est située une très-petite ville (*villa*), nommée *Ceà*, où beaucoup de gens riches et distingués habitent, ce qui est assez fréquent en Portugal. A l'autre bout de la ville est située la belle maison, ou plutôt le château de *Don Louis Bernardo Pinto de Mendoza*. Depuis les fenêtres de ce château on jouit d'une vue magnifique. On promène ses regards sur la belle plaine des environs de *Ceà*; la vue s'étend par-dessus les promontoires de l'*Estrella*, vers la plaine de *Visen*, qu'on voit très-distinctement; en face on a la chaîne des montagnes, et à gauche, la *Serra de Bussaco* et les environs de *Coimbre*.

Don Louis Bernardo habite la campagne, malgré ses richesses, et se rend rarement à la ville. Il jouit du bonheur de la vie champêtre, dans un beau pays et sous un climat très-agréable; il passe ses jours au sein de sa famille, et s'occupe de l'économie rurale. Ce qui n'est pas moins intéressant, c'est de voir *Dona Maria*, son épouse, qui, par sa beauté et sa fraîcheur, dément l'opinion généralement reçue, et qui n'est pourtant rien moins que fondée, que dans les pays chauds, les attraits du sexe se flétrissent promptement. Elle était enceinte du vingt-unième enfant, et belle encore. Sa taille est telle qu'on la voit communément en Portugal, petite et forte, mais délicate; ses yeux noirs sont d'une vivacité extrême; au reste, sa figure est des plus belles; ses mouvemens et ses discours sont caractérisés par ce feu et cette vivacité, qui distinguent les beautés de ce royaume. Nous avons passé des jours délicieux dans cette maison; nous fûmes témoins des mœurs antiques du Portugal, dont l'austérité exige que les filles occupent des chambres particulières dans un côté de la maison, ne mangent jamais avec leurs parens, et n'aient que des femmes pour les servir. Nous étions tous les jours en société avec les gens de distinction de cet endroit, où les jeunes filles, muettes par devoir, et les jeunes femmes enjouées, passèrent leur tems d'une manière agréable, sans s'occuper du jeu. La conversation fut bientôt générale, et se termina par des chansons, dont chacune des femmes nous régala. Elles chantèrent surtout de ces airs plaintifs et langoureux des Portugais, qui n'expriment guères que les peines de l'amour, et qui souvent s'adressaient à la charmante bergère (*linda pastora*). Les *Brasileros*, ou les chants brasiliens, nous charmèrent par une plus grande variété, par une gaîté aussi franche et ingénue que la nation d'où ils proviennent. Nous nous promenâmes dans les belles soirées, sans oublier de faire la petite prière, en passant devant un saint, ou une chapelle ; ce qui cependant ne nuisit en rien à la gaîté générale.

De *Ceà* l'on monte d'abord le premier degré de la *Serra d'Estrella*. Ces montagnes sont à leur base garnies de pins, mais un peu plus haut, elles sont nues, et on y voit un gazon maigre et fané. Après avoir franchi le premier degré, on s'engage dans une vallée, où est situé le village de *Sabugueiro*. Cet endroit est, sans contredit, le lieu le plus commode pour le voyageur qui a besoin de s'y arrêter, pour examiner les montagnes. Les habitans de l'*Estrella* ne passent pas dans le pays pour des gens polis, et peut-être avec raison, lorsqu'on les compare

pare à la nation entière. Les habitans de *Sabugueiro* sont doux et bons; nous y séjournâmes quelque tems, dans la maison d'un paysan, auquel *Don Louis Bernardo* nous avait recommandés. Cette maison était petite et pauvre, mais nous ne manquâmes de rien pour la nourriture; les lits y étaient propres et bons, ce qui était embelli encore par la politesse prévenante du propriétaire. Près du village il y a quelques champs de seigle : c'était le tems de la moisson, dans laquelle les habitans se prêtent mutuellement secours pour battre le blé. Le seigle de ces environs est excellent. Un torrent, le *Rio d'Alva*, qui descend de la montagne, traverse le village, et va se précipiter dans une vallée profonde, et rocailleuse en plusieurs endroits. Une partie des montagnes d'alentour est couverte de gazon et en pente douce; mais on voit surtout, en portant ses regards le long du *Rio Alva*, des rochers escarpés, qui souvent sont impénétrables, par les cistes et par les broussailles. On rencontre déja ici des plantes, qui ne viennent que sur les montagnes les plus élevées de

Portugal et d'Espagne ; on y voit également des bouleaux et des sorbiers.

La *Serra d'Estrella* (*Mons Herminius* des Anciens) est, sans contredit, la plus grande et la plus haute montagne du Portugal ; elle est souvent couverte de neige pendant quatre mois de l'année; elle s'étend du nord-est au sud-ouest ; la partie septentrionale est plus basse, les montagnes s'élèvent par degrés et sont moins rocailleuses, c'est pour cela qu'on l'appelle *Serra Mansa*, Montagne de la pente douce. La partie du sud est la plus élevée ; elle est escarpée et rocailleuse en plusieurs endroits ; aussi la nomme-t-on *Serra Brava*, la Montagne sauvage. Au milieu des rochers on trouve des cistes et des bruyères, mais dans ceux qui sont plus élevés, un gazon court, beaucoup de buissons et de genevriers des montagnes qui, par leur forme ronde et, pour ainsi dire, taillée, offrent un bel aspect. Le sol n'est composé que de granit. Quoique beaucoup de rivières, tant petites que grandes, prennent leur source dans l'*Estrella*, telles que le *Mondego*, le *Vauga*, le *Zezere*, on n'y voit pas ces ruisseaux nombreux, qui répandent tant de charmes dans le *Gerez*. Il y a beoucoup de petites villes, belles et bien peuplées, sur le penchant de cette montagne : *Covilhao* et *Monteigas* en sont les principales. Au pied de la montagne on cultive beaucoup de seigle et de fruits; sa partie supérieure offre des pâturages, surtout pour les brebis, qu'on fait voyager comme en Espagne, et qui descendent au mois de septembre dans les plaines de l'*Alemtejo*, pour revenir ici au mois de mai. Leur laine est parfaitement bonne, et la meilleure en Europe, après celle d'Espagne; on l'exporte en Angleterre. On fait aussi de bon fromage de brebis dans le voisinage de l'*Estrella;* on l'envoie dans tout le royaume, mais en général il est très-rare. La famille royale a coutume d'en envoyer tous les ans à la cour d'Espagne, comme une friandise. Il est bien supérieur au fromage de brebis de l'*Alemtejo*. Il y a des manufactures de drap à *Cavilhao*, qui réussissent assez bien. Mais le drap portugais est mauvais, lourd et épais, raison pour laquelle les gens de distinction font usage des draps anglais.

Pour arriver de *Sabugueiro* sur le sommet

le plus élevé des montagnes ; l'on monte d'abord par un chemin peu escarpé, qui serpente à travers des cistes, de la bruyère et des rochers. On arrive de ce côté sur la croupe de la montagne ; les broussailles y sont remplacées par un gazon très-beau, et on poursuit sa route qui, vers le sud, s'élève insensiblement, ainsi que les montagnes. Bientôt paraissent des rochers plus élevés, et l'on découvre subitement au milieu d'eux le premier lac de l'*Estrella*, le *Lagoa Redonda.* Ce lac qui se trouve près du sommet, donne un grand charme aux montagnes. Le *Lagoa Redonda*, ou le *Lac Rond*, est le plus petit, mais sa forme, qui est parfaitement ronde, les rochers élevés qui l'entourent, ses eaux pures et claires comme du cristal, le rendent un des plus agréables : tantôt c'est un groupe de rochers, desquels sortent des plantes aussi belles que rares (par exemple : *Genista lusitanica*); tantôt c'est une plaine étendue, ou une pente douce, où paissent des brebis ; ici des buissons de genevriers, taillés en rond par la nature ; là de belles fleurs, qui embellissent un gazon verdoyant. Une belle

Silene, qui n'a pas encore été décrite, nous charma singulièrement. La croupe étendue de la montagne se retrécit tout-à-coup; un vallon profond se présente à l'est; on y descend par un sentier, dans lequel on n'ose s'engager, lorsqu'on craint les étourdissemens; à droite on aperçoit une masse énorme de rochers détachés de toutes parts, et qui ne tiennent au sommet de la montagne que par une langue de terre très-étroite. Cette masse, groupée d'une manière aussi effrayante que majestueuse, porte le nom significatif de *Cantharus*, la *Cruche*, parce que l'eau en jaillit de toutes parts; ce qui fait que les plantes pendent de rochers, même inaccessibles pour les botanistes. Mais, en continuant son chemin sur cette montagne, on arrive enfin à celle dont le sommet est le plus élevé, et qu'on nomme *Malhao de Serra*; c'est un plateau tellement étendu, qu'on ne se doute pas qu'il est terminé par des rochers sans nombre, qui l'entourent de toutes parts (à l'exception du côté du nord-est). Nous trouvâmes ici les restes d'une pyramide, érigée par les géographes que le gouvernement fit voyager dans tout le pays, pour dresser une carte du Portugal. Les habitans du côté de l'*Estrella* l'avaient détruite, peu de tems après sa construction, ce qui fut cause que, poussés par la crainte, la première question qu'ils nous firent, était de savoir à quoi servait cette pyramide. Ces bonnes gens sont jaloux des pâturages de ces montagnes, et avec d'autant plus de raison, qu'ils font toutes leurs richesses; ils craignent, comme ils n'appartiennent à personne, que le gouvernement ne les donne à quelques seigneurs. Dans ce cas, le gouvernement pourrait s'attendre à une révolte sérieuse de la part de ces montagnards courageux. La vue de cette élévation est extrêmement étendue; elle embrasse presque en entier les provinces de *Beira* et d'*Estramadura*, et on découvre aussi vers l'est, et très-distinctement la *Sierra de Gata* en Espagne, qui, peut-être, par sa hauteur, ne le cède en rien à l'*Estrella*.

En descendant de cette élevation, on laisse le *Cantharus* à droite et vers l'est, pour arriver à la belle *Lagoa Escura* (ou lac sombre), en passant sur des rochers à pic.

Les bords de ce lac profond et froid, dont les eaux limpides reçoivent une couleur sombre du reflêt des rochers et du ciel, sont tellement escarpés, qu'on n'en peut que faire le tour. Le site pittoresque de ce lac, dans des montagnes élevées et sauvages, sa forme belle et ronde, ont donné lieu à bien des contes. C'est une opinion généralement reçue en Portugal, et même parmi les personnes de la première classe, que ce lac a une communication avec la mer, que le flux et le reflux y a lieu; qu'il est orageux quand elle l'est, etc. Il est inutile de dire que tout ceci est autant de fables. On dit même qu'un Saint (dont le nom m'est inconnu) y fut noyé. Il y a peu de Portugais dans les environs, qui connaissent les sommets et les lacs de ces montagnes; il est, à la vérité, difficile d'y parvenir. Depuis ce lac jusqu'à un troisième, qui est le plus grand, et qui s'appelle la *Lagoa Longa*, ou *Comprida*, on passe par un chemin difficile et sur des blocs énormes de rochers. C'est le moins beau de tous, malgré qu'il soit très-étendu, et qu'il couvre la vallée dans toute sa longueur : sa largeur n'est pas toujours la même, il est étroit dans quelques endroits ; ses bords sont marécageux. C'est pour cette raison que sa vue est moins imposante, surtout parce qu'il se trouve dans une vallée très-large. Toute la pente de cette montagne vers le sud-ouest est escarpée, sauvage, et composée de grands rochers entassés, ce qui la rend difficile à monter. Elle ne devient moins rude que vers *Sabugueiro* et du côté du nord.

C'est cette montagne fameuse, dont les voyageurs et les géographes (voyez la Géographie de Busching, tom. 1, p. 58) racontent beaucoup de fables et d'absurdités. Selon *Twiss* (voyez ses Voyages, p. 50), elle est en tout tems couverte de neige. Il faudrait donc qu'elle eût la hauteur de l'Etna, puisqu'elle est située sous le même degré de latitude. J'estime sa hauteur de 5 à 6,000 pieds au dessus du niveau de la mer. Peut-être cette estimation est-elle trop forte, mais les montagnes de Portugal et d'Espagne trompent l'œil par leurs rochers détachés, par leur aspect sauvage; ce qui les fait ressembler aux Alpes. A Lisbonne même on parle de la hauteur étonnante et de la neige éternelle de ces montagnes. Il est vrai que jadis on conserva la neige dans des glacières, près du sommet de la montagne, et on la fit passer à *Albalade*, d'où elle fut transportée sur le Tage à Lisbonne. Il se peut que cette glacière ait donné lieu à l'opinion que la neige y séjournait même pendant l'été. Maintenant on n'y ramasse plus de neige; ceci a lieu au *Lousao*, montagne voisine de Lisbonne.

L'*Estrella* fait partie de cette chaîne de hautes montagnes, qui forme la *Guadarrama*, la *Sierra del Pico* et la *Sierra de Gata*, qui séparent les deux Castilles. Elle s'étend vers *Coimbre* et *Lousao*, et se termine à *Cabo de Rocca*, en formant toutefois quelques petites collines. Sa direction est la même que celle de la plupart des montagnes de la péninsule, c'est-à-dire, qu'elle s'étend du nord-est au sud-ouest. Quoiqu'elle paraisse plus élevée que le *Gerez*, il n'y a pas de trace de chèvres sauvages; aussi les loups et les autres bête-

féroces y sont plus rares. Le grand nombre d'habitans, et la culture qui a lieu depuis longtems, les ont sans doute empêché d'y reparaître.

CHAPITRE XXXIII.

Retour à Lisbonne. — Comment la justice est administrée en Portugal.

Nous descendîmes de *Sabugueiro* au bourg (*villa*) de *St. Romao*, situé au pied de l'*Estrella*, à un *legoa* tant de *Ceà* que de ce premier village. Nous passâmes d'abord à travers des champs de seigle et des plantations de jeunes chênes, qui appartenaient à *Don Louis Bernardo*; nous traversâmes ensuite des campagnes bien cultivées, près de *St. Romao*, et d'autres plantées de pommes de terre, ce qui est très-rare en Portugal. Dans beaucoup d'endroits on avait creusé la terre avec peine, pour avoir de l'eau. En quittant les montagnes, on découvre un pays aride, peu cultivé, couvert de bruyères, et parsemé de collines. A un fort *legoa* de *St. Ramao* est situé un petit village, nommé *Carragova*, où il y a une auberge. C'est de là que l'*Estrella* se présente du côté le plus élevé et le plus sauvage ; son aspect majestueux semble la ranger parmi les Alpes.

On est singulièrement étonné de rencontrer une belle route, qui continue jusqu'à *Ponte de Murcella*, et qui doit former une partie de la grande route qui conduit en Espagne, en passant par *Coimbre* et *Almeida*. Mais il n'a pas été difficile d'en construire une daus un pays où le sol la forme naturellement. Ce chemin nous obligea cependant de faire un grand détour vers l'ouest, jusques dans les voisinage de *Coimbre*, pour arriver à *Thomar*.

La chaleur de l'été, le sol qui, par-tout, était brûlé, les objets peu intéressans qui s'offrirent à notre vue, furent cause que nous hâtâmes notre voyage. Des collines arides, couvertes d'*Erica umbellata*, faisaient place à des forêts de pins ; les villages cependant sont grands, et le sol qui les entoure est bien cultivé. A gauche on aperçoit une partie de l'*Estrella*, nommée la *Serra de Goes*, qui est assez élevée. On avait mis le feu à toutes les bruyères, pour se procurer du pâturage ; les oliviers en souffrent très-souvent, ainsi que nous l'avons remarqué en plusieurs endroits.

De *Çaragoza* à *Gallizer*, village considérable, il y a deux *legoas*; de là jusqu'à *Venda do Vallo*, qui est un pauvre cabaret, il y a deux *legoas*; jusqu'au village de *Moite*, un *legoa*; jusqu'à *Ponto de Murcella* un *legoa*, et ici on n'est qu'à quatre *legoas* de *Coimbre*.

Le granit finit près de *Venda do Vallo*, et il se transforme en une ardoise pierreuse et sablonneuse, qui contient des veines de quartz. A peu de distance d'ici, près d'*Arganil*, l'évêque de *Coimbre* a fait fouiller la terre, pour y découvrir de la mine de plomb.

Soveriera Formosa (le bel arbre à liège) est renommé dans l'histoire, parce qu'il a été pendant quelque tems le quartier-général du comte *de Lippe*, en 1762. *O-Reilly* et le comte y furent en présence. On continua la guerre pendant quelque tems, mais elle fut peu fertile en évènemens. Les troupes espagnoles se conduisirent fort bien et mieux, d'après le témoignage même des Portugais, que l'armée portugaise, qui, pour lors, était très-indisciplinée.

Les auberges sur cette route sont assez bonnes. A *Ponte de Murcella*, village peu considérable, situé sur le *Rio de Alva*, il y a même une auberge excellente, qui vaut mieux que toutes celles que nous rencontrâmes dans les campagnes, et qui surpasse même les auberges de *Coimbre* et des autres villes.

Après avoir passé l'*Alva* sur un grand pont, on traverse la chaîne des montagnes, qui s'étend depuis l'*Estrella* jusqu'à *Coimbre*. On la nomme ici *Serra de Açor* (Montagne des Vautours); elle est d'une moyenne élevation, et contient du grès. La vallée qui se trouve entre la première chaîne de montagnes et la seconde, est bien cultivée; elle contient grand nombre de villages, tels que *Poperes*, *Ponte Velha* et *Foz d'Arouce*, qui est très-grand et où il y a une belle maison, appartenant à un nommé *Mendoza Furtado*. On cultive ici du millet sorgo (*Holcus sorghum*, *milho sorgo*. Des montagnes arides et sablonneuses entourent cet agréable district. Du côté du sud, derrière un village nommé *Corvo*, les montagnes se rapprochent. Près du bourg *Espinhal*, s'élèvent des montagnes calcaires; à droite on aperçoit la cime élevée du *Lousao*. C'est la plus haute des montagnes calcaires; elle fournit de glace la ville de Lisbonne; on la conserve en été dans des glacières; on emballe les morceaux de glace dans de la paille et on l'a fait passer à *Albalade* sur des charrettes, d'où une grande barque la transporte deux fois par semaine à Lisbonne.

L'aspect de ces pays brûlés par le soleil, nous dégoûta de monter sur le *Lousao*; mais M. *Brotero* nous a dit qu'au printems la végétation y est très-riche. Nous nous trouvâmes alors dans la province d'*Estramadura*..

Il y a six *legoas* de *Ponte de Murcella* à *Espinhal*, qui est un bourg. Le chemin jusqu'à *Vende dos Moinhos* traverse une vallée entre des montagnes élevées; ces vallées s'élargissent près *Venda da Maria*, à deux *legoas* d'*Espinhal* : là, les collines diminuent, et les montagnes calcaires varient avec celles de grès. Un pays semblable continue jusqu'à *Thomar*; on voit çà et là des arbres à liège. On passe par un bourg nommé *Cabaços*, à quatre *legoas* d'*Espinhal* et de *Thomar*.

La ville (*villa*) de *Thomar* est située dans une plaine, près la rivière de *Nabão*; elle est presqu'entièrement entourée de collines, qui sont en partie formées de grès et de pierres calcaires. La plaine dans laquelle la ville est située, est presque toute couverte d'oliviers, qui de loin lui donnent un aspect uniforme; mais, en approchant, elle devient plus agréable par les jardins situés le long de la rivière. Cependant le pays est en général aride et sec. La ville appartenait jadis aux Templiers, et après l'abolition de cet ordre, elle échut en partage à l'ordre du Christ. Elle était considérable autrefois, mais elle n'a actuellement que deux paroisses, quatre monastères, et on nous dit qu'elle contenait 4 à 5,000 habitans. Elle est le siège d'un *Corrégidor*. Les rues en sont assez régulières, bien pavées, d'un aspect riant, mais la plupart des maisons sont petites. Du côté du sud, vers la rivière, est une place belle et ouverte, entourée par un mur; cette place a été établie par ordre du dernier roi *Don Sebastian*, d'après une inscription gravée sur une colonne.

Sur une des collines qui entourent cette place, est situé un édifice remarquable, le siège de l'ordre du Christ. Il date en partie, à ce qu'on dit, du grand-maître de l'ordre des Templiers, *Gulder Paes:* il est certain que les rois *Don Manuel*, *Don Joao V* et les *Philippes* y firent travailler. Il est, à la vérité, surchargé d'une quantité d'ornemen superflus; mais il règne dans tout cet édifice quelque chose de grand et de majestueux. On voit ici bien des choses qui portent l'empreinte d'une haute antiquité. On a tenu plusieurs *Cortes*, ou assemblées provinciales dans cet édifice. Le prélat est général de l'ordre du Christ, et membre du conseil d'état.

L'ordre du Christ fut institué, en 1319, par le roi *Don Dinez*, après l'abolition de l'ordre des Templiers, dont il reçut les biens. Il possède 21 villes, bourgs et villages, et a 454 commanderies. Le roi et la reine en

sont les grands-maîtres, place qui rapporte par an 40,000 cruzades. Il est vrai que l'on confère toujours avec trop de facilité l'ordre du Christ, pour qu'il puisse jouir de beaucoup de considération. J'avouerai même que souvent un valet de chambre a trouvé moyen de s'en faire décorer. Cependant ce n'est pas une chose aussi ordinaire, que les mécontens de Portugal voudraient le faire croire. Ce qu'il y a de sûr, c'est que des gens de distinction se croient honorés d'être admis dans cet ordre.

M. *Verdier*, français d'origine, mais né à Lisbonne, a établi ici une filature de coton; il en a fait venir les machines d'Angleterre. Il dit avoir un grand débit; il avait déja reçu des commissions d'Espagne, mais il ne pouvait pas les remplir encore. Il a fait construire une fort belle maison, près de la place, dont j'ai déja parlé. Nous avons passé quelques jours agréables chez lui. Il est membre de l'académie des sciences de Lisbonne, et a beaucoup de connaissances, surtout en mathématiques; c'est un homme très-estimable et plein d'esprit.

Le chemin d'ici à *Santarem* traverse d'abord quelques collines sablonneuses et mal cultivées. Ensuite on arrive dans une grande plaine bien cultivée, ombragée par des arbres fruitiers, et arrosée par le Tage.

Lorsqu'on n'a vu pendant longtems que des collines et des montagnes, l'aspect d'une telle plaine récrée la vue d'une manière agréable. Les Portugais, habitués aux rochers et aux montagnes, lorsqu'ils veulent décrire un beau pays, disent que c'est une grande plaine. Le sol de celle-ci est des plus fertiles; c'est un terroir gras, mêlé de sable, qui, par conséquent, est très-léger. Aussi ne fait-on que houer; la pioche a une oreille de charrue mobile, et un fer qui n'est pas pointu, mais qui a deux pouces de large par-devant. Le bourg de *Gologam*, qui paraît jouir de beaucoup d'aisance, est situé dans cette plaine. On y voit plusieurs maisons nouvellement construites. Des collines basses interrompent l'uniformité de la plaine près de *Ponte de Almonda*; ce qui ne la rend que plus belle encore. Elle est ici presqu'entièrement couverte de vignobles entourés de peupliers; dans le lointain, on découvre *Santarem*, situé sur une hauteur, entre des oliviers et des jardins de plaisance.

Pombal fit déraciner les vignes pour y semer du blé, culture à laquelle le sol est fort propre. Mais *Pombal* croyait-il vivre éternellement? Après sa mort on a replanté par-tout des vignes, et cela aura toujours lieu, parce qu'un arpent de terre planté de vignes, rapporte plus que s'il était semé de blé. Le vin qu'on recueille ici est transporté à Lisbonne.

La ville (*cidade*) de *Santarem*, à huit lieues de *Thomar*, est divisée en supérieure et inférieure. L'une est située sur une montagne assez haute, et l'autre dans la plaine sur les bords du Tage. La plupart des gens de distinction, le *Corrégidor*, les *Juiz*, etc., habitent la partie supérieure; on croit la partie inférieure mal-saine; les maisons sont petites. On voit dans la ville supérieure des restes de murs et une ancienne citadelle. On porte le nombre des habitans à 8,000. Il reste encore des traces de son ancienne splendeur; elle est divisée en 13 paroisses, et elle a 14 monastères. Elle est beaucoup déchue depuis 1417. Elle occupait la cinquième place sur le premier banc des *Cortes*, qui tinrent souvent leurs assemblées ici.

Le Tage est ici si peu profond, que nous le traversâmes avec des bottes. Mais il est plus considérable en hiver, et comme le grand nombre des bancs de sable arrête son cours, il fait de grands ravages. Il n'est pas navigable ici. Le flux ne s'étend que jusqu'à *Albalade*, un *legoa* plus bas, où l'on embarque et débarque les marchandises qui vont à Lisbonne, et qui en viennent. Toutes les collines d'alentour sont formées par des couches de quartz, des pierres de sable, etc.

Je ne puis passer sous silence une aventure fâcheuse, qui nous arriva ici, et qui caractérise fort bien la justice qui règne en Portugal. Etant à *Thomar*, M. le comte *de Hoffmansegg* voulut nous devancer, et aller en bateau à Lisbonne; quant à moi, je ne me sentais aucune disposition à être de ce voyage, et je me proposais de le suivre par terre, accompagné d'un jeune espagnol, son secrétaire, et de ses domestiques. Il se présenta une difficulté : nous n'avions qu'un seul passe-port, dans lequel le comte, moi et sa suite étions désignés (1). Nous nous rendîmes chez le *Corrégidor*, qui était absent, et qui avait chargé une autre personne de le remplacer. Celui-ci ne trouva pas la chose difficile ; il dit au comte de continuer son voyage avec son *portaria*, sur lequel il ajouta seulement pourquoi le comte était seul et sans suite ; il nous délivra un passe-port, où il était dit qu'on avait fait lecture du *portaria*, et on y ajouta, en peu de mots, son contenu. Nous arrivâmes avec ce passe-port à *Santarem*. Deux archers (*escrivaes*) se présentèrent aussi-tôt : c'est une classe d'hommes qui passe par-tout pour être méchante. Ils demandèrent le passe-port. Ils ne voulurent pas même lire l'explication du *Corrégidor* de *Thomar*, parce que chaque étranger est tenu, disaient-ils, d'avoir un

---

(1) Le passe-port n'était pas un simple *passaporté*, mais un *portaria*, c'est-à-dire, un ordre de la reine, signé par le secrétaire d'état à tous les magistrats de nous assister dans les découvertes que nous cherchions à faire sur l'histoire naturelle. Un tel *portaria* est bien plus important, dans ce pays qu'un passe-port, et les magistrats sont obligés, en cas de besoin, de fournir des voitures et des lits.

passe-port signé de l'intendant ou du secrétaire d'état. Ces deux hommes allaient et venaient, se parlaient à l'oreille, et revenaient sur leurs pas. Enfin je m'aperçus qu'avec de l'argent nous nous tirerions d'affaire. Mais je craignais de me rendre suspect en leur en donnant. Ils visitèrent enfin nos poches, et trouvèrent, par malheur, dans une des miennes, un couteau pointu, défendu en Portugal; alors ils nous menacèrent de la prison; mais ils s'en tinrent là : ils nous laissèrent souper tranquillement, et ne revinrent que sur les dix heures, pour nous mener chez le *Juiz de Fora*. Cet homme avait grande sociéte chez lui; il nous laissa longtems attendre dans l'antichambre, ensuite il entra, écouta simplement les *Escrivaes*, qui lui disaient: « Voici des étrangers qui n'ont point de passe-port valable! » à quoi il répondit brièvement : « Qu'on les mette en prison! » Je le priai de lire nos papiers; il répliqua : « L'ordre est donné, marchez en prison! » Le jeune Espagnol et moi nous fûmes conduits en prison, et exposés aux plaisanteries des *Escrivaes*; personne ne s'occupa ni de nos domestiques, ni de nos effets. On nous conduisit d'abord dans une chambre supportable, mais les *Escrivaes*, après avoir parlé bas à l'inspecteur des prisons (*Carce·eiro*), nous firent descendre dans une espèce de cachot, où nous fûmes presque suffoqués par l'air méphitique qui y régnait. Je me rappelle en frémissant que nous étions confondus avec des criminels. Je n'y saurais encore maintenant penser sans indignation, et elle ne fait qu'augmenter, lorsqu'on me dit que c'était manquer au respect qui leur était dû, de mettre ici le chapeau sur la tête. Je m'avisai enfin de demander au geolier si je pourrais obtenir une autre chambre pour de l'argent : on ne demandait que cela. On nous donna une bonne chambre ; il fut permis à nos domestiques d'avoir soin de nous, et le geolier nous permit d'entrer dans son appartement. On me donna même la permission d'envoyer des exprès à *Thomar* et à Lisbonne.

Certes nous aurions pu rester longtems dans cette prison. Beaucoup de marchands d'Espagne y étaient renfermés depuis plusieurs semaines, et pour la même raison que nous ; on ne les avait pas encore interrogés.

Un pauvre Italien malade, me parut surtout très à plaindre; on l'avait transporté ici, parce que son passe-port n'était pas conforme aux nouveaux règlemens: il n'avait plus d'argent. Ce malheureux était oublié, et ne voyait point de moyen de sortir de la prison. Le fils d'un citoyen de *Santarem* nous dit d'un air craintif: « Vous êtes encore heureux, vous savez pourquoi vous êtes ici; pour moi, je l'ignore: peut-être veut-on me faire soldat! »

Cependant nous parvînmes bientôt à sortir de ce lieu. Le jeune Espagnol fut obligé de faire une pétition en langue espagnole; nous crûmes qu'il saisirait mieux l'esprit de la langue; je la traduisis en portugais, et un *Escrivao*, qui était en prison comme nous, fut prié de nous en dicter la formule.

Nous nous adressâmes au *Juiz de Fora*. On nous renvoya au *Corrégidor*. Celui-ci demandait le rapport des deux *Escrivaes* qui nous avaient arrêtés. Le geolier vint ensuite nous trouver, et dit que les deux *Escrivaes* étaient de pauvres diables, qu'un rapport désavantageux de leur part pourrait retarder notre affaire, que le couteau pointu (1) la rendait plus mauvaise encore; que, d'après son avis, nous ferions bien de leur donner un peu d'argent. Quelques crusades nous valurent un rapport favorable, et nous fûmes de suite remis en liberté par le *Corrégidor*, de sorte que nous ne passâmes que dix-huit heures en prison.

Un évènement pareil, qui nous arriva antérieurement, nous avait déja donné quelque idée de la justice en Portugal. Un jour nous arrivâmes de bonne heure à *Cezimbra*; un *Escrivao* se présenta, comme de coutume, il fit la lecture de la *portaria* et se retira très-poliment. Vers le soir, le comte et moi, nous retournâmes d'une promenade que nous avions faite à *Calheriz*; nous nous séparâmes à peu de distance de la petite ville, pour mieux observer le pays. Le comte à peine rentré dans la ville, fut rencontré par quelques archers, qui lui demandent son passe-port. Il dit qu'il l'avait laissé à l'auberge, et s'offrit à les y con-

(1) Je l'avais acheté à Sétuval. Il est vrai que ces couteaux sont sévèrement défendus, ce qui n'empêche pas qu'on les vende publiquement.

duire. Mais c'était en vain ; on le conduisit dans une prison, honnête à la vérité, mais il n'en fut pas moins exposé aux regards d'une foule de curieux. On le visite scrupuleusement; on trouve deux pistolets dans sa ceinture, et on le déclare suspect, quoique la *portaria* permette le port de toutes sortes d'armes. On n'envoya chez moi chercher le *portaria ;* je le remis, fort étonné de cette catastrophe, mais ne doutant aucunement que mon compagnon de voyage ne fût mis sur-le-champ en liberté. Je fus bien surpris, lorsqu'on m'apprit que l'*Alcade* ne pouvait prononcer sur cette affaire, le *Juiz de Fora* n'étant pas dans la ville. Par bonheur, nous avions parlé au *Juiz de Fora* de *Calheriz*, très-honnête homme : on expédia donc vers lui, dans la nuit même, un domestique avec le *portaria.* On m'avertit, en attendant, que si le domestique n'était pas de retour le lendemain, je serais également obligé de me rendre en prison. Le domestique revint à trois heures du matin, avec l'ordre précis de remettre sur-le-champ le comte en liberté, ce qui s'exécuta. Mais les archers ne voulurent pas perdre leur salaire. Le comte les paya, en disant qu'il méprisait trop ces hommes, pour faire rendre justice de la violence qu'on avait exercée contre lui. L'*Alcade* ne voulut pas même lui délivrer les pistolets, ce qu'il fit cependant, après la déclaration du comte, que sur-le-champ il expédierait un courrier à Lisbonne, pour faire son rapport sur ce qui venait de se passer.

Ces exemples prouvent combien on doit se mettre en garde contre la justice du Portugal, et que les *Alcades* et les *Escrivaes* sont une classe d'hommes composée de très-mauvais sujets. Les plaintes sont générales à cet égard : on accuse aussi les *Juiz* et les *Corrégidors* de partialité pour les gens de distinction. Mais je suis obligé de dire, à l'honneur de la nation, que dans ces accidens que je viens de raconter, tout le monde défendît notre cause, que chacun nous plaignit, chercha à nous rendre service, et se répandit en invectives contre le magistrat.

Nous passâmes quelques jours à *Santarem*, pour faire venir de Lisbonne le *portaria* que nous avions demandé, pour plus de sûreté. Nous fûmes dédommagés de nos tracasseries par un grand nombre de plantes rares et curieuses, que nous recueillîmes ici sur les bords du fleuve.

Le chemin d'ici à Lisbonne passe d'abord entre la rivière et les collines qui la bordent; mais ensuite on monte sur des collines qui sont sablonneuses et couvertes de bruyères et de forêts de sapins, et qui contrastent désagréablement avec les bords rians de la rivière. *Cortacha* est situé sur une de ces collines, à deux *legoas* de *Santarem*: c'est un grand village ou bourg, avec de belles maisons, situé au milieu d'un sol bien cultivé, quoiqu'ingrat. Les collines sablonneuses et couvertes de bruyères cessent dans les environs d'*Azambuja*, petite ville (*villa*) de 7 à 800 feux, située sur le bord du fleuve, dans une plaine également belle et bien cultivée. A deux *legoas* de là, en côtoyant la rivière, on arrive à *Castanhero*, bourg avec une bonne auberge, entouré de champs de blé, d'orangers et de jardins. A la distance d'un *demi-legoa*, se trouve la ville de *Villa-Franca*, où il y a à-peu-près 800 feux; elle est située sur le bord du fleuve, où elle forme une baie convenable au débarquement. Une autre petite ville,

Alhandra, de 4 à 500 feux, n'est qu'à un *demi-legoa* de *Villa-Franca*. C'est ici que l'on quitte pour quelque tems la rivière; on monte sur des collines cultivées et couvertes d'orangers, pour se rendre à *Alceroa*, petite ville d'à-peu-près 400 feux, à une plus grande distance d'*Alhandra*, que celle-ci ne l'est de *Villa-Franca*; enfin elle n'est qu'à deux *legoas* de Lisbonne. D'ici nous suivîmes le cours de la rivière, et passâmes par un pays riant, rempli de jardins jusqu'à *Povos*, autre petit bourg de 200 feux. On tire du sel de quelques marais salans des environs. Près de *Saccarem*, où il y a plusieurs jolies maisons, on passe, à l'aide d'un pont de bateaux, une rivière qui se jette dans le Tage. Les murs des *Quintas* et des maisons dispersées continuent jusqu'à Lisbonne, où l'on peut aller dans quelques rues, sans savoir que l'on se trouve dans la capitale. On voit par ce que je viens de dire, que sur les bords du Tage les petites villes sont très-nombreuses, et combien doivent être agréables et rians les environs de ce grand fleuve. Je ne connais point de ville qui s'annonce d'aussi loin que Lisbonne.

CHAPITRE XXXIV.

Voyage aux Algarves. — Route par la province d'Alemtejo. — Les montagnes de Monchique.

Au commencement de septembre 1798, nous retournâmes à Lisbonne de notre voyage dans les provinces du Nord, et nous y séjournâmes jusqu'en février 1799. A cette époque nous partîmes de cette ville pour *Moura*, après avoir passé la rivière. De Lisbonne à *Agua de Moura* on ne voit que des bruyères, et on ne rencontre qu'une maison pendant toute la route, qui est de cinq *legoas*. *Agua de Moura* est un pauvre village situé sur les bords d'un ruisseau, qui favorise un peu la culture. De là à *Palma* les collines augmentent en nombre, ainsi que les arbres à liège, que je n'ai jamais vus en Portugal en si grande quantité. L'arbre à liège (*sovereira*) est plus haut que cette espèce de chênes qui restent toujours verts (*Quercus Bellote*) ; ses branches sont plus effilées et ses feuilles très-larges ; il n'est distingué que par son écorce spongieuse. Il se débarrasse lui-même de cette écorce, lorsqu'on ne l'en délivre pas, ce qui empêcherait sa croissance. Je me rapelle d'avoir vu beaucoup d'arbres difformes, qui paraissaient, pour ainsi dire, étouffés par leur écorce. Le tronc rouge de l'arbre dégarni offre une vue singulière. On dirait qu'en Portugal on néglige cet arbre, du moins qu'on ne le pèle pas assez souvent ; car les arbres que je vis dans les bruyères, depuis Bordeaux jusqu'à Bayonne, étaient bien plus grands et plus beaux que ceux du Portugal. Outre l'emploi ordinaire de son écorce, dont on fait du liège, on s'en sert encore pour en faire des ruches, pour couvrir des étables, et pour la confection de plusieurs meubles. La coquille (le calice) du fruit est employée à la tannerie ; ses fruits (*landem*) sont précieux, aux yeux du paysan portugais, parce qu'ils sont excellens pour engraisser les bestiaux. L'arbre à liège le cède cependant au chêne à cet

égard

égard ; son bois même est moins bon. Il est vrai qu'il croît plus promptement, mais il est exposé à plus de maladies ; aussi est-il moins durable. Sa culture est, au reste, oubliée, et on en laisse le soin à la nature.

Palma est une propriété considérable, appartenant au comte *d'Obidos*, qui y passe quelques mois de l'année. La maison est médiocre, et égale à-peu-près à celles des propriétaires du Meklenbourg. Le comte en a une autre dans le voisinage de celle-ci, où il y a des appartemens destinés aux voyageurs honnêtes, qui peuvent y passer une nuit, les auberges étant fort rares dans cette contrée. L'hospitalité est très-grande en Portugal ; les gens de distinction couchent rarement dans une auberge, mais chez leurs amis. Une chose qui honore beaucoup les grands, c'est que leur hospitalité ne se borne pas à leurs parens et amis, mais qu'elle s'étend même sur des personnes inconnues. Il serait cependant à desirer qu'on restreignît un peu cette hospitalité, pour relever les auberges. Le comte est non-seulement amateur de l'économie rurale, mais il en fait même un objet d'étude, dans lequel il a recours aux livres français. Notre conversation avec lui eut pour principal sujet, l'économie rurale du Portugal : il se plaignait surtout des mauvais chemins de ce pays et du manque de bras ; il pensait que le Portugal devrait tâcher de tirer de l'Amérique le nombre d'hommes que jadis ce pays lui avait enlevé. Il croyait qu'on ferait bien d'introduire des nègres, et il s'en trouve même déja beaucoup à Lisbonne, qui, après sept années de service, s'occupent de différentes choses, et apprennent même quelque métier. Le comte se pique d'avoir des bontés pour ses gens; cela se peut, du moins n'ai-je jamais vu le contraire. Chaque soir, lorsqu'il prend le thé, il fait entrer chez lui quelques-uns des paysans qui travaillent dans la maison, et leur fait donner une tasse de thé, derrière la porte, ce dont nous avons été témoins. En général, les grands aiment à se rapprocher de leurs inférieurs, pour se mesurer avec eux. Au reste, n'est-il pas humiliant pour un homme d'être posté derrière la porte, tandis qu'un autre est assis commodément à table? Une poule dans la marmite lui serait assurément plus utile que cette tasse de thé.

Les possessions du comte sont importantes, et mettent le propriétaire à même d'avoir de grands troupeaux qui paissent dans les bruyères. Le sol est sablonneux, ou entremêlé d'une argile rouge tellement dure, que souvent on est obligé de mettre six bœufs à la charrue. Une mauvaise herbe, fréquente et nuisible, est le *Panicum dactylon*. En hiver, la rivière de *Marateca* est très-haute, et en été ce n'est plus qu'un ruisseau ; elle cause souvent bien des dégâts. La maison du comte est entourée de quelques chaumières. L'agriculture paraît cependant être fort en arrière ; les engrais et les prairies artificielles y sont inconnus.

De *Palma* nous passâmes par des collines sablonneuses, couvertes d'arbres à liège, pour arriver à *Val de Reis*, village avec une grande maison délâbrée et bâtie dans un goût gothique ; elle appartient au comte de *Val de Reis*. La vallée y est cultivée comme celle de *Palma*. Le chemin conduit d'ici par-dessus des collines couvertes de bruyères, jusqu'à la rivière *Porta de Lama*, dont les bords sont également bien cultivés. Le chêne vert (*Quercus Bellote*) ne se trouve pas dans les plaines sablonneuses des environs de Lisbonne, et nous l'aperçumes ici pour la première fois. Derrière ces collines il y a une autre vallée , que le *Xarama* traverse, qui, dans ces environs, s'unit au *Sado* , et qui rend cette rivière navigable. Le village *Porto del Rey* est situé dans cette vallée , et à quelque distance on voit une auberge solitaire , nommée *Palhota.* On donne ce nom dans l'*Alemtejo* aux auberges isolées et pauvres, de *palha*, paille. Tous les voyageurs sont à l'ordinaire obligés de coucher dans la même chambre; cependant on y trouve quelque chose à manger, et elles méritent, à cet égard, la préférence sur les auberges d'Espagne. Des bruyères sablonneuses et une forêt de pins séparent cette vallée d'une autre, qui renferme le village *Quinta de Don Rodriguez.* Des déserts remplis de ladanum , continuent jusqu'à *Figueira*, grand village situé sur une éminence, dans une contrée assez bien cultivée. Après l'avoir dépassé, on voit encore des bruyères , qui finissent près du bourg *Messejana*. De *Palma* à ce dernier endroit on compte treize *legoas*.

J'ai fait traverser rapidement au lecteur une contrée la plus déserte et la plus triste du Portugal; elle est couverte de bruyères et de cistes, de la même espece que celles dont j'ai parlé plus haut : on ne voit que dans les lieux élevés et arides croître l'olivier sauvage, le kermès (*Quercus coccifera*) et le ciste *monspeliensis*, qui commence à devenir plus fréquent. Il y a presque toujours une rivière qui arrose les vallées; elles s'étendent de l'est à l'ouest. Les bords des rivières sont bien cultivés, et la végétation y est dans la saison actuelle des plus belles et des plus riches. Toutes ces rivières prennent leur source dans l'*Alemtejo supérieur*, et vont se jeter dans le *Sado*. Leurs eaux grossissent en hiver; nous vîmes encore les traces du dégât qu'elles font et de la fertilité qu'elles apportent. Comme les ponts sont très-rares ici, nous avions beaucoup de peine à passer quelques-unes d'elles, ce qui est cause que souvent en hiver il est impossible de voyager dans ce pays.

Messejana est un bourg qui a encore

d'anciens murs, comme en quelques lieux d'Espagne, surtout dans la vieille Castille. Le pays s'élève et forme des collines d'une ardoise argilleuse, et couvertes de champs de blé, qui continuent jusqu'à *Pomoyas*, petit bourg à la distance d'un *legoa* d'ici. L'on approche du fameux champ de bataille, qui est nommé *Campo de Ourique*, endroit où il y a beaucoup de collines, qui est peu cultivé et couvert de broussailles et du *Cistus monspeliensis*.

C'est de la bataille d'*Ourique* que date le commencement de la monarchie portugaise. Le Portugal, autant qu'on avait pu en arracher aux Maures, était échu en partage au comte *Henri* (*o Conde Henrique*), par son mariage avec *Thérèse*, fille du roi de Castille. Son fils, *Don Affonso Henriquez* (le fils de *Henri*), faisait la guerre à sa mère, aux Castillans et aux Maures. Il remporta une victoire éclatante, le 25 juillet 1139, avec une armée de 2,000 hommes, sur cinq rois Maures, qui commandaient 200,000 hommes. Il conserva le titre de roi, qu'il avait pris avant la bataille, et se nomma *Don Affonso premier*.

Je montais seul sur une colline pour observer le pays. Un paysan voyant un étranger, s'approcha de moi, et me demanda avec la politesse portugaise, ce que je faisais là. Je lui damandai si c'était ici le *Campo de Ourique*? Après qu'il me l'eût affirmé, et sur le desir que je témoignais de voir l'endroit où se livra cette fameuse bataille, il se mit à m'en faire le récit, et détailla aussi bien toutes les circonstances de cet évènement mémorable, comme s'il avait été lui-même à la bataille. Il n'oublia pas de me dire qu'elle s'était livrée dans les grandes chaleurs de l'été. On éprouve un sentiment délicieux, en entendant le peuple raconter l'histoire des tems reculés. Le lecteur qui serait curieux de lire une belle description de cette bataille, la trouvera dans le troisième chant de la Lusiade.

Nous laissâmes à gauche le bourg d'*Ourique*, et nous suivîmes la route qui conduit à *Garvao*, village situé dans une vallée agréable. On est très-étonné de rencontrer dans ce pays éloigné des grandes villes, une route bien pavée; ce beau chemin ne continue que pendant un *legoa*. Les montagnes s'élèvent d'ici jusqu'à *Amoreiras* et *St. Martinho*, deux petits villages sur la pente d'une chaîne de hautes montagnes, qui s'étendent de l'est à l'ouest de la *Serra de Monchique*. Elles sont formées d'une argile grisâtre et d'ardoises sablonneuses, dont la plupart sont couvertes de ladanum. Cependant on y voit çà et là des maisons dispersées et entourées de champs de blé, qui prouvent combien il est facile de cultiver ces montagnes, comme celles de la *Sierra Morena* en Espagne, qui lui ressemblent beaucoup. On trouve aussi depuis *St. Martinho* un pays bien cultivé, et même des champs ensemencés de lin. Sur le sommet de ces montagnes on voit la chaîne entière de toutes celles de la *Serra de Monchique*, dans sa direction de l'est à l'ouest; elles sont assez élevées, mais moins courbées que les montagnes de *Cintra* et du *Gerez*. Le sommet de la montagne sépare les *Algarves* de l'*Alemtejo*.

Après avoir quitté *St. Martinho*, on entre dans une grande vallée, mais qui est mal cultivée. Au bout de cette vallée on trouve un pauvre village, *Sancta Clara*, à quatre *legoas* de *St. Martinho*, qui renferme une des plus mauvaises auberges du Portugal, nommée *Palhota*. On poursuit sa route à travers des collines, ensuite on monte les promontoires de la *Serra de Monchique*, dont les montagnes sont composées d'ardoises et de pierres de sable, et couvertes de broussailles uniformes; çà et là de *Cistus populifolius*. Le chemin serpente à côté et au dessus de ces montagnes, sans être absolument pénible. A mesure qu'on approche de la partie la plus élevée de la *Serra de Monchique*, qui s'appelle la *Serra de Foja*, les vallées deviennent plus profondes et plus étroites. C'est un désert à perte de vue, sans aucune trace de culture et inhabité. Le sommet de la montagne reste à droite, et on rencontre à son pied, après avoir fait quatre *legoas* dans le désert, un vallon étroit, garni de châtaigniers, de champs et de maisons. Ce vallon se dirige à gauche ; on arrive ensuite sur le revers de la montagne, du côté du midi. Quel aspect enchanteur ! sur le penchant de la montagne, parmi des forêts de châtaigniers, d'orangers et de citronniers, entouré de vallées profondes et pittoresques, arrosé par des ruisseaux qui se précipitent en cascades, est situé le charmant bourg de *Monchique.* Jamais, durant notre voyage, nous n'avons été si agréablement surpris. On est subitement transporté d'un désert aride, qui règne depuis Lisbonne, dans le plus beau site imaginable. Ce bourg ajoute encore à la beauté de la campagne; ses maisons sont dispersées d'une manière pittoresque le long de la montagne; la *Serra de Foja* très-haute, élève sa cîme pelée au dessus de la vallée; les orangers s'unissent aux châtaigniers; le beau *Rhododendron ponticum*, le plus charmant arbuste de l'Europe, ombrage de toutes parts les ruisseaux. Des violettes odoriférantes sont parsemées dans des forêts de châtaigniers. Les vallées forment des promenades ombragées. Si l'on monte un peu au dessus de la vallée, on aperçoit la côte des *Algarves*, avec ses baies et ses rivières. Du sommet de la *Serra de Foja*, l'on distingue non-seulement toute la province des *Algarves*, mais encore la plus grande partie de l'*Alemtejo.*

On cultive ici beaucoup d'oranges, que

l'on met au nombre des meilleures des *Algarves*, et qu'on exporte au loin. Aussi cultive-t-on une grande quantité de fruits semblables, et dans une plus grande variété qu'ailleurs on n'a coutume de faire en Portugal ; comme les citrons (*limoes*), des citrons doux (*limoes doces*), dont l'odeur est aussi piquante que le goût en est doux, et qui sont très-recherchés. De plus, des oranges amères (*laranjas amargas*), des oranges acides (*laranjas acedas*), fruit qui a l'air d'une orange, mais dont le goût est aigrelet, et qu'on préfère à toutes les autres pour faire la limonade. Enfin la *lima*, fruit pareil au citron doux, mais qui est plus court et plus large, et surtout d'un mauvais goût, compensé cependant par une odeur agréable de bergamotte. Les châtaignes servent ici principalement à engraisser les cochons (aussi les jambons de *Monchique* sont-ils renommés); on en mange rarement, parce qu'on ne les grèfe pas, comme à *Portalègre*. On plante les châtaigniers en taillis, pour s'en servir à faire des échalas, des cerceaux, et à d'autres besoins. On transporte une quantité d'échalas sur des ânes, aux *Algarves.* Le sol dans les alentours de *Monchique* est de granit, ainsi que la *Serra de Foja.* Ce n'est que du côté du nord que l'ardoise s'élève à une hauteur considérable. La *Serra de Foja* est, sans contredit, la montagne la plus élevée au delà du Tage; elle est plus haute que les montagnes de *Cintra*, peut-être même de peu de chose plus basse que le *Marao.* Les montagnes de *Mertola* sont celles qui, au delà du Tage, l'égalent le plus en hauteur.

Les bains chauds de *Monchique* sont situés à un *legoa* au midi de l'endroit, sur le penchant d'une montagne, qui les rend incommodes aux baigneurs, vu qu'on ne saurait faire trois pas sans monter. Encore est-il très-pénible de monter ici, à cause de la quantité de débris de rochers. La montagne entière est garnie de tant de buissons épais, qu'on ne trouve aucune trace de culture, si ce n'est le petit jardin de la maison des bains. La vue étendue sur les *Algarves* pourrait dédommager de toutes ces incommodités, mais elle est trop uniforme. La maison des bains est la seule sur cette pente. Elle est construite en pierres, et distribuée d'une manière commode. Elle sert à-la-fois de demeure aux baigneurs et au *Provédor*, qui en a l'inspection et qui loue les chambres, etc. Il existe ici quatre chambres de bains construites de pierres, dont chacune n'est arrangée que pour une, ou tout au plus deux personnes ; à l'aide de robinets, on fait entrer ou sortir l'eau à volonté. Les chambres sont toutes obscures, sans croisées ; on y descend par quelques degrés. L'eau n'a ni goût, ni odeur, comme celle de *Gerez* ; la chaleur ne passe guères 24 $\frac{0}{-}$ Réaumur ; elle est par conséquent peu considérable. Ces sources sont dans un granit d'un blanc grisâtre, dont est formée toute la montagne. La saison des bains est le printems ; on vient même des *Algarves* pour s'en servir. L'on voit venir ici souvent des religieuses, auxquelles le bain doit être sans doute salutaire. Il serait à desirer que les bains fussent à *Monchique* ; alors leur séjour serait un des plus agréables du royaume.

CHAPITRE XXXV.

Le cap St. Vincent. — Lagos. — Villa-Nova. — Loulé. — Préparation du fil d'aloës.

A PEINE a-t-on quitté les montagnes de granit les plus élevées du *Monchique*, qu'on aperçoit de nouveau les broussailles uniformes de ladanum. On descend enfin de ces montagnes stériles dans des vallées étendues. Curieux de voir le cap *St. Vincent*, nous prîmes le chemin qui était à notre droite, laissant à notre gauche celui qui mène au village *Bem Safrim*. On s'aperçoit qu'on est dans le royaume des *Algarves*, car la terre est couverte d'une quantité de plantes, qu'on ne trouve pas dans les autres parties du Portugal, ou du moins bien rarement. C'est surtout le houx (*Chamaerops humilis*) qui est très-fréquent aux *Algarves*; sa hauteur passe rarement trois à quatre pieds, quoique son tronc soit très-épais; il est d'un aspect singulier. Ses feuilles en forme d'éventails, servent à faire des paniers pour le transport des figues. C'est le seul usage qu'on en fasse dans ce pays. On en mange cependant quelquefois les jeunes rejetons, en guise de choux; c'est pour cette raison qu'on ne les détruit pas: les champs de blé même en sont remplis. Les jonquilles odoriférantes y étaient très-multipliées, et ne contribuaient pas peu à l'éclat des prairies. Plusieurs belles espèces de jacynthes (*Scilla*) embellissaient les hauteurs et les bosquets. Ayant à gauche des montagnes calcaires, à droite des montagnes d'ardoise, nous arrivâmes par les villages *Ben Safrim*, *Budes* et *Raposeira*, dans le petit bourg de *Villa do Bispo*, à huit *legoas* de *Monchique*. C'est l'endroit le plus près du cap. N'y trouvant pas d'auberge, nous restâmes dans la maison d'un paysan aisé, qui faisait le commerce de vin, de figues et d'autres provisions de bouche; il était de la province du *Minho*. Il nous reçut avec grand plaisir; sa femme et sa fille, aussi belles qu'enjouées, cherchèrent à nous entretenir. On me prenait ici, comme par-tout ailleurs, pour un médecin ; je fus obligé d'écrire des ordonnances, et j'appris avec étonnement que la femme avait des vapeurs. Sa constitution en effet me parut aussi délicate que son âme était sensible.

L'aspect de ces villages est singulier. Ils sont grands ; les maisons sont bâties à une grande distance les unes des autres, et la jolie petite église se trouve à quelques pas du village : c'est ainsi qu'est construit *Villa do Bispo*.

Nous trouvâmes ici du basalte dans quelques montagnes environnées, comme auprès de Lisbonne, de montagnes calcaires. Seulement le basalte était plus noir, plus solide et plus sonore que celui qu'on trouve dans les environs de Lisbonne. Cette pierre est très-rare dans la péninsule. Je ne connais en Espagne d'autres traces de basalte, que la colonne qu'on voit dans le cabinet de Madrid, et qui a été trouvée, à ce qu'on dit, en Catalogne. Les environs de Lisbonne et ceux du cap *St. Vincent*, sont les seuls en Portugal où l'on trouve cette pierre.

Il n'est pas difficile de donner une esquisse

du

du royaume des *Algarves*. Le pays est très-étroit et, séparé de l'*Alemtejo* par une chaîne de montagnes de grès et d'ardoise argilleuse; ce n'est qu'auprès de *Foja* que l'on voit du granit. Ces montagnes de grès sont arides, incultes, et ne produisent que le ladanum et quelques autres cistes. Elles commencent derrière *Villa de Bispo*, sur le bord de la mer, d'abord par de petites collines qui s'étendent jusqu'à la *Guadiana*. On voit ensuite une chaîne de montagnes calcaires, qui, sans être aussi hautes que les suivantes, sont tout aussi escarpées; elles ne sont séparées que par des vallons très-étroits; elles sont également stériles, mais couvertes d'une quantité de pierres détachées, de buissons, de l'arbre à kermès (*Quercus coccifera*), et de différens arbustes. Le cap *St. Vincent* forme la première de toutes; elles finissent près de *Tavira*. Vient ensuite le district étroit et bien cultivé, qui s'étend jusqu'à la mer: c'est ici que sont situées la plupart des villes et des bourgs des *Algarves*.

Les collines s'applanissent de plus en plus vers le Cap Saint-Vincent; le promontoire même est une plaine déserte, formée de pierres calcaires qui rendent cette langue de terre tellement raboteuse, qu'on a peine à y marcher. Dans d'autres endroits, elle est simplement couverte de sable ; quelques buissons de ladanum, et plusieurs plantes qu'on ne trouve pas dans les autres contrées du Portugal, par exemple, l'astragale (*Astragalus tragacantha*, *Viola arborescens*) etc., se présentent de côté et d'autre. Vers la mer, le rocher est à pic ; il a jusqu'à quatre-vingts pieds de hauteur, et ressemble beaucoup au *Cabo de Rocca*. Un couvent de capucins est situé à l'extrémité de ce désert ; les vaisseaux peuvent s'approcher du rocher ; les moines nous ont même dit que, par un tems calme, ils s'entretiennent quelquefois avec les marins. Ils nous ont beaucoup parlé de la bataille navale entre les Espagnols et l'amiral Jervis, actuellement lord Saint-Vincent, qu'ils ont vu distinctement de leur habitation. La petite forteresse *Sagres* est située sur l'autre pointe du rocher ; une baie la sépare de celle-ci. On n'y voit que les casernes, les fortifications, et la demeure du commandant. Celui-ci avait l'air de ne pas vouloir nous montrer la forteresse, aussi n'insistâmes-nous pas. Une compagnie du régiment de *Lagoa* fait ici le service, elle est relevée de tems en tems; le capitaine est commandant de la place. On ne voit que peu de maisons qui se trouvent en dehors du fort. Lors du grand tremblement de terre qui, en 1755, détruisit Lisbonne, la mer s'éleva aussi dans ces parages, et dévasta le pays.

Auprès de *Sagres* on prend beaucoup de poissons et de moules ; de petites barques de pêcheurs mouillent dans la baie à l'abri du rocher. On mange fréquemment dans ce pays une espèce de moule (*Lepus anatifera*) nommée *Perceves* par les habitans. Je l'ai trouvée excellente ; je ne me rappelle pas d'avoir lu que cette espèce était mangeable. Auprès de Sagres croît l'espart (*Stipa tenacissima*) herbe très-utile, et dont on fait en Espagne , et surtout dans la province de *la Mancha* , beaucoup de cordes ; elle est envoyée en Portugal pour le même usage. On l'emploie aussi ici ; et pour empêcher qu'on ne détruise cette herbe, il est rigoureusement défendu de l'arracher avant le mois de mai. Il est étonnant qu'on ne se soit pas avisé de cultiver cette production utile dans d'autres pays, et surtout dans les montagnes stériles des *Algarves*. On ne la trouve qu'en Portugal.

Nous fûmes obligés de revenir sur nos pas et de reprendre notre chemin par *Raposeira*, *Budes*, etc., pour quitter le promontoire ; nous suivîmes à droite la route de *Lagoa*. Après avoir traversé des montagnes incultes et pierreuses près de *Lagoa*, nous suivîmes la pente qui descend vers la mer et qui n'est pas moins agréable que bien cultivée ; elle était entièrement couverte de champs de blé ; il y avait une quantité de figuiers plantés avec ordre, et qui étaient entremêlés d'oliviers et d'amandiers. Les figues sont de l'espèce blanche et d'une médiocre qualité ; elles servent de nourriture au peuple, qui déjeûne ordinairement avec du pain, des figues, et du vin. Après le dîner, il mange des figues, et le soir il répète la même chose qu'à déjeûner, coutume que nous avions également observée à *Villa de Bispo*. Du reste, les habitans de *Lagoa* paraissent jouir d'une bonne santé ; et , ce qu'on aurait peine à croire , ils ont tous de belles dents. Les femmes ont généralement un beau teint , et depuis *Monchique* on en rencontre moins rarement de belles.

La ville (*cidade*) *de Lagoa* à cinq petits milles du Cap Saint-Vincent est la capitale des *Algarves* , quoiqu'elle ne soit plus le siège du gouvernement de la province. Elle est située sur une petite éminence près de la mer ; à l'ouest est une grande baie; elle contient à-peu-près 850 feux , trois monastères et deux paroisses. Autrefois cette ville a été très-florissante , mais elle est déchue depuis le quinzième siècle. Des murs anciens et élevés l'entourent , mais ils commencent à tomber en ruine ; elle a un petit faubourg ; beaucoup de gens de distinction habitent la ville , on y voit grand nombre de jolies maisons , mais aussi des terreins vides depuis le tremblement de terre de 1755 , qui causa quelques dommages à cette ville. *Lagoa* possède un *Corrégidor* et un *Governador* (commandant); le régiment de

Lagoa en forme la garnison, dont une partie est à *Silves*, *Vi la-Nova* et *Sagres*. Le fort de *Penhao* défend la baie, qui offre un abri sûr et un bon mouillage aux grands bâtimens lorsque le vent soufle du nord-ouest, mais elle est moins bonne par les vents d'Est, et dangereuse par ceux du Sud. L'amiral Jervis mouilla ici après la victoire qu'il remporta sur les Espagnols. Une partie de la baie forme un port, bon seulement pour de petits vaisseaux. Un autre bras de mer s'avance dans les terres, il n'est navigable que pour de petites barques ; un pont de pierres les traverse. Le rivage de la mer est bas et sablonneux le long de la côte méridionale du Portugal, et surtout dans les *Algarves*, car celui qui est à l'ouest de ce pays est plus ou moins semé d'écueils.

En 1798, le Portugal fut menacé par la France, parce qu'il ne voulait point ratifier la paix déja conclue. L'Espagne protégea ce royaume pour la première fois, et refusa de livrer passage à une armée française sur son territoire. L'armement d'une flotte à Toulon, augmenta la crainte du gouvernement; on la soupçonna dirigée contre le Portugal, pour essayer une descente dans la province des *Algarves*, car les écueils défendent les autres côtes maritimes de ce royaume contre toute invasion ennemie. C'est pourquoi le prince de *Waldeck*, en visitant les forteresses du Portugal, se rendit aussi dans cette province, où, malgré qu'il fût très-malade, il prit toutes les mesures nécessaires pour repousser toute tentative de la part des Français. Il est certain qu'une descente aux *Algarves*, et surtout près de *Lagoa*, et de *Villa-Réal*, n'aurait souffert aucune difficulté; il n'y a pas de forteresse assez considérable pour arrêter la marche d'une armée française, et les troupes portugaises dispersées sur les côtes n'étaient pas en état de défendre leur pays. Mais il n'était pas probable que les Français voulussent effectuer un projet aussi insensé, tandis qu'une flotte anglaise mouillait à Gibraltar, et qu'une autre tenait bloqué le port de Cadix.

La conquête du Portugal eût été plus facile aux Français en 1798, parce qu'ils entraient dans ce pays par l'Espagne; cette puissance était obligée d'accéder à tout par crainte. Le prudent et vieux duc de *Lafoes* se moqua, dans le conseil d'état, des préparatifs de ses compatriotes, et des peines que se donnait le prince de *Waldeck*, dont à la vérité il n'était pas l'ami. « *Nao ne essitam que albardas* ; » les Français n'ont besoin, pour faire la conquête du Portugal, que de mulets pour le transport des vivres, dit-il ; mais pourquoi donc ne s'est-on pas emparé de ce pays? Pourquoi n'a-t-on pas porté ce coup funeste aux Anglais? Lorsqu'on se reporte aux évènemens, on en trouvera l'explication.

Le directoire permit à l'ambassadeur *Aranjo*, même après le refus de la ratification de paix, de rester à Paris comme simple particulier. *Aranjo* fut imprudent dans ses discours, et parla de corruption. On le mit en prison, mais il fut bientôt après relâché, et envoyé comme ambassadeur près la république Batave. Peu après, un proche parent du ministre de la guerre se rendit à Paris comme négociateur. Tout ceci se passa dans un tems, où le port de Lisbonne se trouvait entre les mains des Anglais. Le gouvernement vénal du directoire de France, étendit d'une part ses mains spoliatrices pour piller les puissances neutres; et de l'autre vendit très-cher au Portugal l'offense qu'il lui avait faite.

C'est une mauvaise excuse pour les Français, lorsqu'ils disent qu'il fallait épargner le Portugal, pour que l'Angleterre ne prît point possession des mines du Brésil. Mais l'Angleterre s'est-elle déja emparé de la Havanne, du Pérou et du Mexique? Ignorerait-on en France que les habitans du Brésil, vifs, inquiets et mécontens, briseraient plutôt leurs chaînes que les Portugais indolens et paresseux?

Dans les environs de *Lagoa*, près du Cap Saint-Vincent, et dans plusieurs endroits de cette côte, on prend une quantité de *thons* que l'on sale; ce poisson est trop gras pour qu'il soit mangé crud. Lorsqu'il est salé, il ressemble par la couleur au bœuf fumé; dans cet état il est bon à manger, mais il est encore meilleur quand il a été trempé dans l'eau. On a établi à Lisbonne un magasin de thon, et l'on s'aperçoit qu'il pourrait remplacer en partie la morue. Du tems du roi *Don Diniz*, il y avait sur ces côtes une pêche de corail ; elle a cessé depuis.

Il y a deux *legoas* de *Lagoa* à *Villa-Novade de Portimao*, très-petite ville (*villa*) on est obligé de faire un détour considérable, à cause des différentes baies, qui du tems du flux sont remplies d'eau. Cette route passe sur des montagnes calcaires stériles ; les plaines de *Villa-Nova* sont bien cultivées, et ombragées par de grands orangers et des figuiers qui se trouvent ici dans les champs de blé comme auprès de *Lagoa*. Cette ville contient à-peu-près cinq cents maisons, dont la plupart sont petites et mal bâties; elle est entourée de murs élevés, hors desquels est un petit faubourg; elle est gardée par quelques troupes. La rivière de *Villa-Nova* passe au pied des murs où elle est très-large (la plus grande qui soit aux *Algarves* après la Guadiana) et se jette à une demi-lieue de là dans la mer. Deux forts considérables, *St-Joao* vers l'Est, et *Ste-Catherine* vers l'Ouest en défendent l'entrée. Nous ne vîmes dans le port qu'un vaisseau; la barre est très-dangereuse, les bancs de sable qui encombrent le port le rendent peu important.

Nous passâmes la rivière dans une barque, et nous dirigeâmes nos pas vers *Lagoa*, en passant par un pays agréable bien cultivé. *Lagoa* est un petit bourg (*villa*) près d'un lac dont il porte le nom, et à deux *legoas* de *Villa-Nova*. Le pays devient sablonneux; on voit beaucoup de forêts de pins. Quelques auteurs prétendent que l'ancien *Lacobriga* était situé ici.

Jusqu'à *Loulé*, qui est à six *legoas*, le chemin est aussi varié que le sont tous ceux des *Algarves*. Bientôt nous traversâmes un pays bien cultivé, où de grands oliviers, des figuiers à larges branches, et le charmant caroubier (*Ceratonia siliqua*) offraient un ombrage délicieux dans les champs de blé; des endroits pareils entourent le bourg de *Pera*, où il y a une auberge isolée, nommée *Nera*. Peu après, nous retrouvâmes les tristes montagnes calcaires; c'est que nous commencions à nous éloigner de la mer, et à traverser les premières branches des montagnes calcaires qui entourent les *Algarves*.

Le caroubier, bel arbre d'un port élancé, est très-multiplié du côté de *Loulé*; il est un des plus grands ornemens des *Algarves*, où il est indigène. Je range cet arbre au nombre des plus beaux de l'Europe. Il est d'une hauteur considérable; son feuillage est vaste et offre une ombre agréable. Ses feuilles rondes et toujours vertes, forment un ensemble charmant. La quantité d'écosses qui y sont suspendues, a quelque chose de singulier et d'extraordinaire. C'est en outre un arbre utile. Le bois en est dur et rougeâtre; les écosses mûres servent à nourrir le bétail, surtout à engraisser les cochons, à quoi cependant elles sont moins bonnes que les glands. Quelquefois on les mange, mais seulement pour exciter l'appétit.

Loulé, petite ville (*villa*) d'à-peu-près 1600 feux, est située dans une large vallée, entourée de montagnes calcaires. Le *Cabeça da Camara*, vers le sud-ouest, est une des plus hautes montagnes de cette chaîne. La ville est entourée de vieux murs; quelques compagnies de soldats en forment la garnison ; le commandant (*Governador*) a le rang de major. Il y a encore ici trois monastères et un établissement pour les pauvres femmes de qualité. C'est là qu'on teint le fil d'aloès, dont on fait de petits paniers, et d'autres objets qui sont travaillés avec beaucoup d'élégance ; on les envoie par-tout le royaume.

L'aloès d'Amérique (*Agave americana*), en portugais *pita*, forme les haies ordinaires, dans le midi du Portugal et dans les provinces méditerranées ; il y fleurit souvent et contribue à embellir le paysage. Il se multiplie considérablement par ses rejetons, et augmente par conséquent sans culture : il forme des haies très-solides, qui ont cependant le défaut de trop s'étendre. Le fil d'aloès (*fio de pita*) n'est fabriqué qu'aux *Algarves*, et surtout dans les environs de *Loulé*. Pour le préparer on coupe les meilleures et les plus grandes feuilles, qui sont sans taches. La personne chargée de la préparation du fil pose obliquement une planche carrée contre sa poitrine, qu'elle appuie sur la terre, y met la feuille et la racle avec une barre de fer carrée à deux manches. Par ce moyen on en fait sortir le suc et la contexture, et il n'y a que les nerfs de la feuille qui restent, et qui sont partagés en fil très-fin. Ce fil est suspendu sur une corde mince, pour le sécher, et l'on vend la livre six *vinteins* (10 sous de France). Le fil n'en est pas bien fort, il pourrit aisément dans l'eau; il n'est par conséquent que d'un usage borné, cependant il pourrait servir à plusieurs instrumens. Aux *Algarves*, où l'on manque de pâturage, les feuilles d'aloès se coupent en morceaux, pour en nourrir les vaches. C'est pour cette raison qu'on en cultive une autre espèce dans les haies à *Faro*, qui se distingue par ses feuilles verdâtres et sa tige mince. On ne peut lui assigner aucun rang parmi les espèces connues. Les bœufs ne mangent pas les feuilles de cette espèce d'aloès.

CHAPITRE XXXVI.

Faro. — Culture du figuier. — Tavira. — De la province des Algarves en général. — Villa-Réal. — Histoire de la pêche de cette ville.

Il n'y a que deux *legoas* de *Loulé* à *Faro*. D'abord le chemin traverse une vallée agréable, sur le bord d'un ruisseau, entre des montagnes calcaires, où il y a de grands caroubiers. Vers *Faro* les environs sont plats et sablonneux, couverts de bruyères et de cistes, surtout du *Cistus umbellatus Aitoni. nec Linn.* Mais le grand nombre de *Quintas* et de jardins répand de la variété dans les campagnes, qui, du reste, ne sont pas très-fertiles.

La ville (*cidade*) de *Faro* est située dans une plaine, à un *legoa* de la mer, sur la rivière *da Quarteria*. Elle est sans fortifications, assez régulièrement bâtie; ses rues sont larges, mais la plupart des maisons petites. Cette régularité a pour cause la descente que les Anglais y firent en 1596; ils pillèrent et incendièrent la ville ; il n'en resta que les maisons autour de l'église de *St. Pedro*, qui se distingue par son architecture gothique. *Faro* est le siège d'un évêque, d'un gouverneur, qui a le rang de brigadier, et d'un *Corrégidor;* elle a deux paroisses, trois monastères et 1,200 feux. Une belle place, où il y a quelques édifices considérables, se trouve près de la rivière, qui est étroite. Un petit fort est dans les environs. Des vaisseaux de moyenne grandeur peuvent remonter jusqu'à la ville; les plus gros sont obligés de rester en rade, et d'y décharger leurs marchandises. Après beaucoup de sinuosités, le rivage forme, à deux *legoas* de la ville vers le sud, l'entrée étroite du port, défendu par le fort *St. Lourenco de Olhao*, situé sur le côté Est de la rivière. Un autre bras de la rivière, non moins étroit, ou plutôt un lac (nommé *a Barreta*) se joint au précédent, et forme une île, où l'on remarque le *Cabo de Ste. Marie*. Le rivage

vage de la mer est très-marécageux et couvert de plantes aquatiques. A quelque distance de là on découvre les montagnes de *St. Miguel*, qui, quoique hautes et escarpées, sont cultivées à leur base.

Faro est la ville la plus commerçante des *Algarves*, et pendant que le lord St. Vincent tenait Cadix bloqué elle a approvisionné la flotte anglaise. Les figues sont la production la plus importante du pays ; on les exporte à l'étranger. Les paysans viennent à la ville les déposer dans les magasins des négocians qui font ce commerce. On les y entasse dans un endroit destiné à cet usage; il en découle un sirop, dont on se sert avec avantage pour faire de l'eau-de-vie; ensuite on les expose au soleil, où elles restent pour sécher pendant plusieurs jours, selon le degré de la chaleur de l'atmosphère. Après cette opération on les presse dans de petits paniers, faits de feuilles de houx, dont chacun contient 28 livres; quand elles sont ainsi emballées, on les expédie. L'espèce qu'on cultive ordinairement sont les blanches; mais les rouges sont les meilleures. Les espèces nommées *figo do Enchario* et *do Bispo*, sont d'une qualité supérieure.

La Grèce et les *Algarves* sont, à ma connaissance, les seuls pays où la *caprification* soit en usage. C'est-à-dire, il y a ici une grande variété de figues, qui tombent avant que d'être mûres, lorsqu'elles n'ont pas été piquées par les vers. Pour les avoir plutôt mûres, on cultive une autre espèce de figues, qui d'ailleurs ne sont bonnes à rien, et où les vers ont coutume de se nicher en grande quantité. On appelle ces figues *figos de Toca* : pour cet effet, on coupe des branches entières de ces arbres, et on les suspend à ceux dont on veut *caprifier* les figues. Les crysalides se développent, les vers percent les fruits, et contribuent par-là à leur prompte maturité. Les anciens avaient déja connaissance de cette manière de faire mûrir les meilleures espèces de figues ; ils nommèrent cette opération *caprificatio* ; elle est encore en usage dans l'Archipel. *Tournefort* en parle dans ses Voyages. Je n'ai pas vu ces vers vivans, mais j'ai fait des recherches sur les crysalides qui se trouvent dans les *figos de Toca*, et j'ai trouvé que celles-ci étaient des figues femelles, et que par conséquent les vers ne pouvaient pas communiquer la semence à d'autres figues, comme le prétend *Linnée*. Je suis très-persuadé que la piqûre des vers ne sert qu'à opérer une irritation, et par-là même une affluence des sucs, qui non-seulement empêche les figues de tomber, mais les rend encore plus douces et plus succulentes que les autres. Nous savons que beaucoup des fruits qui sont piqués par les vers, mûrissent plutôt, et qu'ils n'en sont que plus doux. Le figuier n'exige d'ailleurs que peu de culture. On le multiplie au moyen des boutures ; les plantes qui croissent par la semence ne portent que des fruits fades, et ont besoin d'être greffés. Un sol aride et ingrat lui convient assez. J'ai souvent vu des figuiers sauvages croître dans des roches et dans les fentes des murs. Le figuier atteint souvent la hauteur d'un poirier ; son feuillage est si vaste, qu'il paraît souvent descendre jusqu'à terre. Une espèce de gallinsecte (*Coccus*) lui donne, comme à l'oranger, une espèce de rouille qui est très-nuisible. Les *Algarves* sont la seule province du royaume d'où l'on exporte des figues sèches.

Outre les figues, on fait encore passer des oranges et des joncs d'Espagne (*Arundo Donax*) de *Faro* en Angleterre. Les derniers viennent de *Tavira*. On cultive ici, dans les jardins, les patates d'Amérique (*Convolvulus Batatas*) et le pisang (*Musa paradisiaca*).

Le négociant anglais *Lamprière*, établi à *Faro*, possède un phénomène d'histoire naturelle ; c'est le poulain d'une mule, qui tient le milieu entre le mulet et l'âne. Dans les montagnes de *Monchique* une mule se trouva pleine tout-à-coup, et mit bas un poulain dont on ne connaissait pas le père. Le propriétaire, qui était un paysan, le fit voir comme une curiosité, lorsqu'il érait encore à la mamelle. Le gouverneur de *Faro*, le brigadier *Conell*, Irlandais, qui nous a lui-même instruit de ce phénomène, et qui alors était à *Lagos*, l'acheta, et en fit présent dans la suite à *Lamprière*, son ami.

Le chemin de *Faro* à *Tavira*, qui en est éloigné de quatre *legoas*, côtoie la mer, et est des plus agréables. Auprès de *Faro* il n'y a que peu d'endroits qui soient sablonneux. Tout est d'ailleurs supérieurement bien cultivé, et surtout près de *Tavira*. Des oliviers, des amandiers et des caroubiers entourent les champs.

Tavira est une jolie ville ; elle contient 1,400 feux et quatre couvens ; les rues en sont pour la plupart propres et bien pavées ; on y voit des maisons assez considérables, parmi lesquelles se distingue le palais du Gouvernement. D'anciens murs séparent la ville des faubourgs. La rivière de *Sequa*, que l'on passe sur un beau pont de pierres, la traverse ; de petits ruisseaux remontent jusqu'à la ville. Les environs sont les plus beaux du royaume. La ville est située au milieu d'un amas de montagnes calcaires, et semble s'élever au dessus de la vaste forêt dont elle est entourée. Rien n'est négligé. La terre est convertie soit en jardins, soit en champs de blé. Les arbres sont variés ; le feuillage clair de l'amandier relève la sombre couleur de celui de l'olivier, qui, ici, comme aux *Algarves* et dans l'Andalousie, est d'une grandeur et d'une beauté particulières. La feuille soyeuse du beau caroubier contraste avantageusement avec les feuilles effilées et uniformes des autres arbres. C'était au commencement du mois de mars que nous arrivâmes dans cet endroit ; les haies étaient chargées d'anagyris dont les fleurs papillonnées sont bigarrées de brun et de jaune, et qu'entourait l'*aristolochia subglauca*. Les fèves étaient en fleur, répandaient une odeur agréable, et tandis que les champs étaient embellis par la couleur bleue des fleurs de lin, ma patrie était couverte de neige et de frimas.

Le chemin le long de la rivière est très-agréable. Il serpente entre des collines charmantes ; il est bordé par des bosquets de lauriers-roses et de joncs d'Espagne. Le flux est encore sensible jusqu'à un *legoa* de *Tavira*. Mais à deux *legoas* de cette ville, on rencontre déja la chaîne des montagnes de grès, et les déserts couverts de ladanum.

L'embouchure de la rivière est à un *legoa* de *Tavira*, vers le sud-est. L'entrée du port est étroite et dangereuse à cause des bancs de sable ; aussi la navigation est-elle moins considérable qu'à *Faro*. Un petit fort défend cette entrée. Il y a beaucoup de marais salans entre *Tavira* et la mer : les habitans recueillent ici une espèce d'herbes, qu'ils nomment *Murraca* (*Dactylis stricta Aiton*), et qu'ils vendent au marché de *Tavira*, comme un bon pâturage. La pêche y est importante, surtout celle des sardines et du thon. Nous eûmes occasion d'être témoins de la première. Voici comment on prend les sardines. A l'aide de plusieurs barques, on jeta dans la mer un grand filet, qui fut retiré, après quelque tems, par une foule de monde. Les femmes et les enfans garnissaient le rivage ; la joie franche de ces bonnes gens, la quantité de poissons qui se pressaient dans le filet, et dont plusieurs sautaient assez haut, formaient un spectacle agréable. On prit beaucoup de sèches, ainsi qu'une espèce de raye (*tremelha*), qu'on ne doit toucher, selon ce que disent les habitans, que de la main gauche ; car, si on le prend de la main droite, on ressent une commotion électrique. Mais ce poisson, lorsque je le vis, n'avait plus assez de forces pour produire cet effet.

Dans les environs de *Tavira* on cultive beaucoup d'amandes, et plus que par-tout ailleurs en Portugal. Les légumes y sont assez communs, ainsi que le lin. Cependant on n'en cultive qu'une espèce, qui est le lin à grandes fleurs. *Tavira* est la capitale du royaume des *Algarves*; c'est la résidence du gouverneur de la province et d'un *Provédor*. La place de gouverneur des *Algarves* est une des plus importantes du royaume. *Don Francisco de Mello da Cunha de Mendouça*, dans la famille duquel la charge de grand-veneur (*Monteiro môr*) est héréditaire, en était revêtu. Tous les autres gouverneurs de la province lui sont soumis, et comme la plupart des villes ont garnison, ou sont des forteresses (*praças*), dont le gouverneur a l'inspection de la police : on voit que le régime est militaire. Ce petit royaume contient, d'après le dernier dénombrement du comte *de Val de Reis*, qui en était gouverneur en 1780, 93,472 habitans, parmi lesquels il y avait 6,521 cultivateurs et 5,575 ouvriers. Il est assez bien cultivé vers le rivage de la mer, mais cette belle culture s'étend à peine à deux *legoas* dans le pays, où l'on n'aperçoit que des collines désertes. Il y a ici plus de puits qu'ailleurs: c'est probablement le seul monument qui reste de l'industrie des Maures, qui quittèrent ce pays plus tard qu'ils n'avaient fait des autres provinces. Le blé n'y est pas cultivé en assez grande quantité, pour suffire à la consommation, mais le pain de *Tavira* est excellent; il est meilleur même qu'à Lisbonne, et infiniment supérieur à celui d'*O-Porto*, qui est très-mauvais. On y fait aussi beaucoup d'huile, qu'on dit être la meilleure du royaume. Le vin y est blanc, contre l'ordinaire, mais il est excellent, et une partie de l'*Alemtejo* s'en nourrit. Cependant les figues et les amandes y sont la production la plus importante, surtout dans les environs de *Tavira*, d'où on les exporte. J'ai déja fait mention du jonc d'Espagne. On y cultive aussi des oranges, surtout dans les environs de *Monchique* et de *Faro*. Le peuple se nourrit principalement de poisson; il est très-pauvre. Les *Algarviens* sont moins polis que le reste des Portugais, mais leur prudence et leur esprit caustique sont connus par tout le royaume.

Ils ressemblent par-là aux *Andalousiens*, leurs voisins, avec lesquels ils ont beaucoup de relations. On les dit les meilleurs marins du Portugal. C'est par cette raison qu'ils émigrent fréquemment, et la plupart des matelots de Lisbonne viennent des *Algarves*. Il n'est pas douteux que ce pays ne soit susceptible d'une bonne culture, quoiqu'elle y soit encore très-négligée. Les chemins ne sont nulle part aussi mauvais qu'ici : au lieu de routes, il n'y a que des sentiers pour les chevaux et les piétons ; ce n'est que dans les environs de *Faro* qu'il y en a pour des charrettes. Les auberges sont des plus mauvaises : à *Tavira* même il n'y en avait qu'une seule, encore consistait-elle en une petite chambre au rez-de-chaussée, sans fenêtres et sans plancher ; l'écurie était à côté. L'hôte se rendait tous les matins à son auberge, et s'en retournait chez lui, le soir, après avoir pourvu aux besoins de la table et aux lits. C'est cependant dans cet appartement, où il n'y avait pour tout ornement que quelques chaises délâbrées, que le comte *de H.*, qui était chargé d'un ordre particulier de la reine pour le gouverneur, reçut la visite de l'*Adjudante das Ordens* (adjudant-général), en uniforme de cérémonie. Il est vrai que les uniformes de cérémonie ne contrastent pas autant en Portugal avec la mal-propreté des appartemens, que par-tout ailleurs.

De *Tavira* nous allâmes à *Villa-Réal*, nouvellement construite par *Pombal*, à quatre petits *legoas* d'ici. Les environs de *Tavira* sont agréables, mais ceux de *Villa-Réal* sont sablonneux et déserts. Cette ville est située à l'embouchure de la *Guadiana*, qui, à quelque distance d'ici, se jette dans la mer. La ville est régulièrement bâtie; les rues où se trouvent les plus belles maisons, sont le long de la rivière. Du reste, les maisons se ressemblent toutes; elles sont bien construites : derrière chacune d'elles, il y a une cour carrée, avec une porte-cochère. Dans chaque rue, à l'exception de celles qui sont près de la rivière, il y a alternativement quatre maisons, dont l'entrée principale fait face à la rue, et quatre autres où l'on entre par la porte de la cour. Le pavé est fort bon. La ville est décorée d'une belle place publique, où se trouve la maison de ville. Enfin il ne manque rien à cette ville que des habitans. Un morne silence règne dans les rues; rarement on aperçoit quelqu'un à la fenêtre des belles maisons, et la ville serait déserte, s'il n'y avait pas de soldats. La plus grande misère perce audehors des jolies maisons. Les environs de la ville sont très-sablonneux et les dunes garnies de pins. Un navire délâbré était dans le port, dont l'entrée est large, mais qui est peu profond. Quelques canons sont sur le rivage; on était occupé à élever plusieurs batteries. On va chercher tout, même le pain que l'on mange tous les jours, à *Ayamonte*, ville qui nourrit généreusement un endroit qu'elle devrait chercher à ruiner. Tels furent les établissemens de *Pombal*.

On aperçoit vis-à-vis la côte d'Espagne, qui s'élève majestueusement; *Ayamonte*, ville considérable d'Espagne, ornée de belles églises, est située sur le rivage. Les villes d'Espagne se distinguent avantageusement de celles du Portugal, par l'élégance de leurs édifices et la propreté des rues.

Ayamonte fut jadis le siège de plusieurs rois maures, et il y eut un tems où les tournois d'*Ayamonte* étaient célèbres; on en parle souvent, ainsi que des belles eaux de la *Guadiana*, dans les poésies et les romans espagnols. A quelque distance, et près du rivage de la mer, est situé le joli bourg de *Figuerita*, peuplé par les Catalans que *Pombal* chassa; les émigrations des Portugais ne lui ont rien ôté de sa splendeur. Munis d'un passe-port du *Juiz de Fora*, il nous eût été aisé de nous rendre de *Villa-Réal* à *Ayamonte*, car les Espagnols alors n'étaient pas sévères, et les Portugais de cette partie du royaume n'avaient aucun intérêt à l'être. Par cette voie, on transporte en Portugal beaucoup de marchandises de contrebande, qui consistent ordinairement en soieries et cotonnades.

L'établissement de *Villa-Réal*, la pêche sur ces côtes, sont des objets très-intéressans; qu'il me soit donc permis de m'appesantir un peu sur ce sujet, et de consulter une dissertation qui se trouve dans la troisième partie des *Memorias Economicas* de l'académie de Lisbonne, comme je l'ai fait plus haut, à l'égard du traité sur le commerce de la compagnie du *Douro supérieur*. Son auteur est *Constantini Botelho de Lacerda Lobo*, professeur de physique à *Coimbre*, dont j'ai déja fait mention. Il a le dessein de composer sur la pêche du Portugal, un ouvrage attendu avec impatience.

Monte-Gordo, qui actuellement ne renferme que quelques cabanes, et qui donne son nom à toute la côte, ainsi qu'à la pêche, est à un *legoa* de *Villa-Réal*. Avant 1711, on ne connaissait pas la pêche dans ces parages. Un habitant de *Castromarin*, nommé *Antonio Gomez*, y pêcha le premier des sardines, en 1711 et 1712. Quelques Catalans suivirent son exemple, et commencèrent à construire des cabanes. Peu-à-peu plusieurs Andalousiens et des Catalans s'y rendirent, et on commença à pêcher avec de meilleurs filets; on transporta les poissons à *Ayamonte*, où on les salait. D'abord les pêcheurs ne payèrent aucun droit, mais par la suite ils convinrent avec les fermiers de la douane, dont l'intérêt était d'augmenter la pêche, qu'ils ne paieraient que 5 à 6 pour cent, vu que les impositions ordinaires montaient à 30 pour cent. La pêche s'accrut donc au point que l'on compta, en 1750, douze grandes barques de pêcheurs de *Castromarin* et cinquante d'*Ayamonte*, de *St. Lucas* et de la Catalogne: en 1774, leur nombre montait à cent, dont cinquante étaient de *Castromarin*. Des cabanes s'étendaient à quelques *legoas* depuis l'embouchure de la *Guadiana* jusqu'à l'ancienne ville de *Cacela*, et quoiqu'un grand nombre de pêcheurs n'y passassent que le tems nécessaire à la pêche; c'est-à-dire, depuis le 24 août jusqu'au 25 décembre, plusieurs s'étaient établis ici. Il est vrai que les Espagnols en tiraient le profit principal; cependant beaucoup de Portugais y trouvèrent leur avantage; et quand même cet objet aurait exigé la surveillance du gouvernement, il ne s'ensuit pas qu'il fallait détruire la pêche, plutôt que de souffrir que quelques voisins en retirassent un léger profit.

A *Tavira* on excusa les mesures du Gouvernement, en disant que la plupart de ceux qui s'étaient rendus à *Monte-Gordo*, n'y étaient pas venus pour la pêche, mais bien pour y faire la contrebande ; que d'ailleurs ces gens n'étaient que des mauvais sujets. Il se peut que la dernière assertion fût vraie en partie : le peuple d'Espagne ne vaut pas à beaucoup près celui de Portugal ; mais je doute fort que, s'il existait des lois rigoureuses sur le commerce, le Portugal eût à craindre la contrebande avec ses voisins. Ce royaume reçoit avec bien plus de facilité que les Espagnols, 1°. les denrées coloniales par ses établissemens au Brésil ; 2°. il peut, par ses relations avec l'Angleterre, introduire en Espagne des marchandises anglaises ; 3°. il fait un commerce en Chine et sur le continent d'Amérique, qui manque tout-à-fait à l'Espagne. Enfin tant que la guerre existera entre l'Espagne et l'Angleterre ; tant que celle-ci sera maîtresse de la mer, comme elle l'est, l'avantage sera toujours du côté des Portugais. Nous trouvâmes dans ce voyage tous les chemins de l'*Alemtejo* couverts de mulets d'Espagne, qui allaient en foule chercher à Lisbonne du sucre et d'autres denrées coloniales. Mais revenons à l'histoire de la pêche.

Pombal commença donc la chose avec tant

tant de zèle et d'activité, qu'en moins de cinq mois *Villa-Réal de St. Antonio* fût bâtie, d'après ses ordres : tout ce qui a rapport à la pêche et au commerce des poissons, fut transféré dans cette ville, et les cabanes à *Monte-Gordo* furent brûlées. Parmi les soldats de la garnison, à *Tavira*, plusieurs avaient été de cette expédition; ils assurèrent avoir été exposés aux plus grands dangers par la rage de ces pêcheurs. Les étrangers quittèrent l'endroit, et bien des gens perdirent, avec leurs cabanes, le peu de biens qu'ils avaient. Ces mesures étaient très-conformes à l'esprit de *Pombal*, qui, comme nos révolutionnaires modernes, croyait que le but justifiait les moyens.

L'on fit aux habitans de *Villa-Réal* la remise d'un dixième pendant quelques années; les droits de pêche furent diminués de 30 à 20 pour cent. En général, on ne payait rien pour les sardines salées, ni même pour celles qu'on exportait. On mit au contraire un impôt considérable sur les sardines qui venaient de la Gallicie. Le ministre employa des moyens rigoureux, pour empêcher toute contrebande, et pour faire payer les droits : aucun marin, aucun pêcheur n'osait quitter les *Algarves*, sans un passe-port du premier inspecteur de la police des provinces méridionales, ou de son délégué. Pour avoir du sel en abondance, il fit établir des salines à *Castromarin* ; il vendit cette denrée 900 reis le boisseau.

Quelque tems après, on établit huit compagnies, dont chacune était obligée de fournir six grandes barques pour la pêche, et quelques autres de moindre grandeur. Ces compagnies étaient obligées d'acheter mille sardines à 300 reis, dans le cas où il n'y aurait pas eu d'autres acheteurs : *Pombal* ne voulut pas souffrir de monopole, et il l'exerçait toujours. La plupart des membres de la compagnie y entrèrent, pour faire la cour au ministre ; n'ayant aucune connaissance de la chose, ils étaient obligés de s'en rapporter entièrement à leurs commissaires. En effet leur ignorance était telle, qu'au mois de mai ils commencèrent à saler les sardines, sans considérer que, lorsqu'on les sale dans cette saison, elles ne peuvent pas se conserver. Leurs sardines étaient si mal préparées, qu'on ne pouvait les faire sortir du pays. En faisant hausser les prix, en corrompant, en employant tous les moyens que peut inspirer le ressentiment, ils parvinrent bientôt à exclure tous les habitans de *Castromarin* et de *Monte-Gordo*, auxquels la pêche et le commerce des poissons avait été permis autrefois. Bientôt il s'éleva une espèce de jalousie entre ces compagnies, qui finirent par employer les mêmes moyens, pour se ruiner mutuellement. Ce qui acheva leur ruine fut un impôt considérable, que l'on mit en Espagne sur tous les poissons salés qui venaient de l'étranger.

Pombal fut disgracié ; les pertes que les membres de ces compagnies avaient essuyées, les dissolurent d'elles-mêmes. En 1777, de 48 barques de pêcheurs il n'en resta plus que 10 ; depuis cette époque jusqu'en 1782, cette pêche est devenue plus florissante, et cela parce que l'impôt sur les poissons étrangers avait cessé en Espagne ; mais elle diminua de nouveau, à mesure que celui-ci augmenta. Maintenant qu'on ne paie plus d'impôt pour la pêche, tout le monde s'est rendu à *Figuerita*, où l'on sale aussi les sardines. En 1783 il y était venu plus de 800 pêcheurs portugais, et en 1790, parmi 3,000 pêcheurs à *Ayamonte* et *San Lucar de Barrameda*, il y avait 2,500 Portugais.

Jusqu'à quand le morne silence qui règne à *Villa-Réal*, sera-t-il un monument des mesures pernicieuses que prend un gouvernement qui paraît desirer le bonheur du royaume, mais qui laisse le peuple chargé d'impôts? Soulagez les habitans de *Villa-Réal* plus qu'on ne le fait en Espagne, et vous n'y perdrez rien, parce qu'il n'y a plus rien à perdre; vous verrez au contraire *Villa-Réal* reprendre son ancienne splendeur.

CHAPITRE XXXVII.

Retour des Algarves par l'Alemtejo, en passant par Mertola, Serpa, Evora.

POUR aller de *Villa-Real* à *Castromarin*, il faut remonter la *Guadiana* en bateau jusqu'à ce bras de rivière, près duquel est située cette dernière ville. Quand on veut s'y rendre par terre, on est obligé de faire un détour de deux *legoas* le long d'un autre bras de la *Guadiana;* mais en prenant le premier chemin on peut y arriver en un quart-d'heure. Le rivage de la *Guadiana*, du côté du Portugal, est marécageux ; on y recueille un peu de sel. *Castromarin* consiste en une ancienne citadelle, située sur le haut d'une colline, et en un bourg (*villa*) qui s'élève en amphithéâtre. Les maisons en sont petites. Au reste, c'est un endroit misérable, quoiqu'il y règne encore plus d'activité qu'à *Villa-Réal*.

Auprès de *Castromarin* commence cette chaîne de montagnes qui sépare les *Algarves* de l'*Alemtejo*; plus on avance vers le Nord et plus elles s'élèvent. Ces montagnes sont formées de *Thonschiefer* et de grès. Vers la rivière de *Deleyte*, elles se rapprochent; les vallées se rétrécissent, les pentes deviennent très-escarpées; le sommet de ces montagnes est arrondi et non à pic, comme c'est l'ordinaire dans la péninsule. Elles sont en grande partie couvertes de ladanum; les haies sont formées dans les vallées et le long des ruisseaux de lauriers roses, et d'une espèce d'épine (*Rhamnus*) dont on a fait mention nulle part. Cependant on y voit des endroits bien cultivés; nous passâmes par plusieurs villages avant d'entrer dans l'*Alemtejo*. Ces montagnes tiennent à la *Serra de Caldeirao*, qui est entre *Faro* et *Ourique*; elles sont peu élevées en les comparant à la *Serra de Monchique*, et il n'y a que celles qui sont autour de *Mertola* qui méritent d'être remarquées.

C'est dans l'*Alemtejo* qu'est situé le grand village de *Espiritu Santo*, à sept *legoas* de *Castromarin*, où, faute d'auberges, nous fûmes obligés de loger chez un paysan qui était très à son aise, comme le sont la plupart des habitans.

A deux *legoas* de là, est la petite ville (*villa*) de *Mertola*, située au pied d'une montagne escarpée, et auprès de laquelle la belle et large *Guadiana* coule dans une vallée profonde. L'aspect du pays est sauvage et désert; on n'y voit que des montagnes dégarnies et élevées, entre lesquelles le fleuve serpente, et une petite ville enfermée dans de grands murs, n'ayant point de jardins, point de champs, à l'exception d'une *Quinta*, à côté de la ville sur une montagne. Il faut beaucoup monter avant d'arriver des bords de la *Guadiana* jusqu'à la ville. Un petit ruisseau tombe dans la *Guadiana*, au Sud de la ville : il est si peu large que d'un saut on pourrait le franchir; il faut cependant la passer au moyen d'un bac. Les eaux de la *Guadiana* se gonflent souvent au point que les montagnes sont couvertes de gravier jusqu'à une certaine hauteur ; on dit même que cette rivière s'est élevée jusqu'à la hauteur des murs de la ville. En s'éloignant un peu de la vallée de la *Guadiana*, on trouve de côté et d'autre des endroits bien cultivés, qui sont même fertiles, et rapportent de bon froment. *Mertola* a un gouverneur qui a le grade de major, et un *Juiz de Fora* ; le nombre des habitans est de trois mille ; elle appartient au *Corregimento d'Ourique*. Le chemin qui conduit de *Mertola* à *Beja* est des plus beaux, il n'est pas encore achevé ; il fait partie de la grande route de Lisbonne aux Algarves ; on s'embarque ici sur la *Guadiana* pour *Castromarin*, ce qui donne un peu de vie à *Mertola*. Le chemin par terre est ici très-incommode : je n'inviterai personne à le prendre.

Nous trouvâmes sur les montagnes des environs de *Mertola* beaucoup de plantes rares en Portugal, et surtout celles qui sont indigènes en Espagne.

Nous passâmes la *Guadiana* pour nous rendre à *Serpa*, ville située au-delà de ce fleuve, à sept *legoas* de *Mertola*. Le pays d'alentour est peut-être le plus désert du royaume. Nous ne trouvâmes d'abord que quelques maisons isolées, et plusieurs champs cultivés; plus loin encore nous vîmes une seconde maison; le reste, jusqu'à un *legoa* de *Serpa*, n'est formé que par des collines, et de montagnes de grès et de *Thonschiefer*, couvertes de ladanum. Plus loin, vers l'Est, nous découvrîmes une chaîne de montagnes qui se joint à la *Sierra Morena* d'Espagne. Il est difficile de rendre l'impression que fait sur l'homme l'aspect de ces déserts tristes et uniformes, qui ne sont variés que par le ladanum qui répand une odeur agréable, et dont les fleurs ravissent l'œil du voyageur; le chemin sur ces montagnes est des plus commodes; cette uniformité même, quand le ciel est serein, fait naître dans une ame paisible toutes les jouissances que l'on éprouve lorsqu'on vit éloigné du fracas du monde.

On voit dans quelques endroits des traces de culture. En Portugal, quand le sol est bon (et même en Espagne où les champs sont couverts de genêt), on a coutume de brûler les broussailles tous les quatre ou cinq ans ; et quand le sol est mauvais, tous les six ou huit ans, ou de les couper avec une espèce de faulx (*fouce roçadoura*), et de labourer et d'ensemencer la terre après. Il est vrai que la récolte est alors très-mauvaise ; les racines des broussailles étant restées en terre, repoussent bientôt et couvrent de nouveau les champs. La récolte n'est alors bonne que pour le pâturage, mais c'est l'étendue du terrein qui doit en compenser la qualité.

Dans la maison solitaire où nous entrâmes, nous vîmes faire une sorte de fromage très-ordinaire dans l'*Alemtejo*. On fait cailler le lait avec les fleurs d'une espèce de chardon (*Cynara sylvestris*, *Lamark*), on forme le fromage avec les mains, après quoi on le sale. Il est ordinairement mauvais, mais il vaut beaucoup mieux lorsqu'il est fait de crême douce, et mangé avec du vin et du sucre. On l'appelle alors *requejao* ; il est servi au dessert sur les bonnes tables.

A gauche du chemin est le *Salto de Lobo*, où la *Guadiana* se précipite à travers un amas de rochers. Cet endroit s'appelle le *Saut du Loup*, à-peu-près comme une cascade sur les montagnes du Harz; cependant la *Bude* est un ruisseau de peu d'importance en comparaison de la *Guadiana.*

La scène change à un *legoa* du *Serpa.* Les broussailles finissent, on découvre des pâturages et de superbes forêts de chênes verts. *Serpa* est un endroit ouvert et gai, qui est bien plus peuplé que *Mertola*; il contient quatre mille habitans, qui paraissent vivre dans l'aisance. Le commerce avec l'Espagne, et probablement la contrebande en est la cause.

Nous passâmes la *Guadiana* de nouveau à un *legoa* de *Serpa*; ce fleuve roule ses eaux entre des montagnes qui sont moins escarpées et plus basses que celles des environs de *Mertola.* A quelque distance de *Serpa*, on atteint cette grande plaine de granit, qui s'étend depuis *Baja* et *Evora*, jusqu'à *Montemor o Novo*, et qui forme la partie la plus fertile de tout l'*Alemtejo.* La ville (*cidade*) de *Beja* est située sur une colline, dans un pays fertile en bled. C'est une ville très-ancienne, entourée de murs et de barrières; elle est le siège d'un évêque, d'un corrégidor, et d'un gouverneur. L'évêque, *Don Manuel de Cenacolo Villas Boas*, est du nombre des savans portugais; il possède une collection d'antiquités qui ont été trouvées dans les environs de *Beja*.

Le pays, jusqu'à *Vidigueira*, est fertile en bled, quoiqu'assez élevé. On y voit peu de villages, mais un grand nombre de maisons isolées qui s'appellent *Montes*, probablement parce qu'elles sont d'ordinaire construites sur des hauteurs. Elles sont assez élégantes pour des maisons du Portugal; leur distribution intérieure, ainsi que le costume des habitans, annoncent une certaine aisance très-rapprochée du luxe. Les riches cultivateurs de l'*Alemtejo* supérieur sont connus à Lisbonne par leurs richesses. Ils possèdent tous une quantité considérable de terres qui entourent leurs habitations; la plupart de ces gens jouissent des privilèges qu'on accorde aux propriétaires; le produit de leurs terres se débite facilement dans les principales villes voisines. Lisbonne même reçoit tous les ans beaucoup de bled de cette contrée.

Vidigueira, à cinq *legoas* de *Serpa*, est un petit bourg (*villa*) dans une position charmante. D'un côté est une plaine fertile, de l'autre des montagnes, dont les valées sont ornées de *Quintas* et de jardins remplis d'orangers. Une grande église gothique dans le fond, rend sa situation plus pittoresque encore. Tout y respire une gaîté, une tranquilité qui dédommage amplement de l'aspect des déserts. *Vidigueira* est un petit endroit qui ne renferme guères que deux mille habitans. Les alimens et le vin sont fort bons. Les oranges y sont petites, mais délicieuses, je les crois les meilleures du pays. Le vin de la *villa* voisine de *Trades* (1) est excellent, ainsi qu'un certain poisson qu'on nomme *Savel*, (espèce d'alose, mais non le Savel de Lisbonne) et qu'on pêche dans la *Guadiana* ;

---

(1) Le *Sitio de Lisbonne*, ouvrage par *Luiz Mendez de Vasconcellos* du dernier siècle (dont l'Académie a publié une nouvelle édition,) où l'on démontre, par les écrits de Platon et d'Aristote, que Lisbonne est la première ville de l'univers, parle avec éloges de ce vin, ainsi que de celui de Carcavelos et de Caparica.

c'est sans contredit le meilleur poisson que j'ai jamais mangé ; lorsqu'il est découpé on ne le reconnaît plus. En effet, on m'avait parlé dans la suite, à Lisbonne, d'un poisson de la *Guadiana*, qu'on ne sert que sur la table du roi, et qu'on distingue avec raison du *Savel* ou de l'alose (*Clupea Alosa*).

La plaine fertile de granit s'étend jusques derrière les montagnes. A gauche l'on voit la *Serra de Viana*, montagnes peu élevées, qui jadis contenaient des mines d'argent. Le granit décèle çà et là des traces de mines ; il n'est pas douteux qu'on ne trouve ici des endroits qui mériteraient d'être fouillés, à moins que la disette des hommes et du bois ne rende le gouvernement indifférent aux trésors cachés ici. A droite on voit *Serra de Osse*, montagne fertile et bien cultivée d'un côté, sur le sommet de laquelle est situé un riche monastère. Entre *Serpa* et *Evora* on découvre *Evoramonte* sur une colline élevée. *Evora* étant sur une hauteur, on l'aperçoit à une grande distance. A mesure qu'on approche de la ville, la culture est plus négligée. Quelle en peut être la cause ? Serait-ce parce que le sol devient plus ingrât, ou parce que le grand nombre des monastères, dont les flèches semblent vouloir atteindre le ciel, dédommagent des beautés de la terre ?

Evora est la capitale de l'*Alemtejo*, le siège d'un archevèque, d'un *Corrégidor*, d'un *Provédor*, d'un *Juiz*, etc; elle a des murs, mais qui sont en partie ruinés. *Coimbre*, *O-Porto* et *Evora* sont les seules villes du royaume où l'on ne nous demanda pas nos passe-ports au moment de notre arrivée; dans ces trois villes on n'en faisait pas grand cas. Il y a ici un régiment de cavalerie; le duc de *Montmorency-Luxembourg*, émigré, est gouverneur de la ville. Ses rues sont étroites et sinueuses; elle contient beaucoup de maisons et d'églises gothiques. C'est même par-là qu'elle se distingue beaucoup des autres villes du royaume: il est vrai, les maisons sont petites et basses, mais elles ne sont pas bâties dans ce goût antique, dont on trouve encore beaucoup de traces chez nous. Le monastère des Franciscains est, à cet égard, assez remarquable. La cathédrale est dans la partie supérieure de la ville; elle a 25 prébendes, dont le revenu de chacune est de 5,000 cruzades; à côté de l'église est la maison de l'archevêque, qui touche à la boucherie, ancien édifice romain, dont les colonnes de l'ordre corinthien, du reste bien conservées, sont réunies au moyen d'un mur de terre glaise. Mais à travers ce mastic, on découvre cependant la belle architecture des anciens; l'œil s'y repose avec complaisance, après avoir été fatigué par des ornemens et des arcades gothiques. *Murphy*, dans son voyage, s'étend beaucoup sur ces restes d'antiquités; il en donne même une figure. Au nord de la ville on aperçoit l'aqueduc, qu'on nomme ordinairement l'*Aqueduc de Sertorius*, parce que c'est lui qui l'a commencé; mais on sait qu'il a été absolument rebâti par le roi *Don Juan III.* Pendant notre séjour, on était occupé à construire un grand édifice, qui doit servir de caserne au régiment qui est ici en garnison. Ce bâtiment, une fois achevé, sera le seul dans son genre en Portugal.

Evora avait jadis une université, elle en conserve encore les privilèges; quant à

l'université,

l'université, elle a été abolie depuis *Pombal.* Elle fut très-renommée autrefois ; c'est ici que professa le célèbre antiquaire *Resende* : le frère du roi *Juan III*, fondateur de l'université, ne dédaigna pas d'assister à ses leçons. Mais ce fut aussi le même *Resende* qui établit ici le tribunal de l'inquisition, qu'il rendit le second de tout le royaume. *Evora* est une ville ancienne, qui est beaucoup déchue depuis le quinzième siècle, et qui n'a que 12,000 habitans; décadence produite sans doute par le nombre prodigieux de monastères, qui est de 23. La ville était nommée *Ebora* du tems des Romains. *Viriatus* et *Sertorius* ; ces deux fameux Lusitaniens, y habitaient. *Jules-César* en fit une ville municipale, et l'appela *Liberalitas Julia.* Les Maures la conquirent sur les Goths en 715; elle leur fut enlevée en 1166, par *Gerald*, surnommé *Sans-Peur* (*Geraldo sem pavor*). Voici comment il s'y prit. *Gerald* se glissa le jour dans la ville ; il se rendit à la nuit sur le rempart, coupa la tête à deux factionnaires, descendit à la grande porte, et fit entrer quelques troupes cachées dans le voisinage. *Le Ca-*

moens fait mention dans sa *Lusiade* de cette action héroïque. Le passage où son héros, *Vasco*, montre au roi de Melinde une suite de tableaux de l'histoire portugaise, est sublime : (Chant. VIII, v. 21.)

« Vois celui qui, au moyen de sa lance, tenant dans ses mains les deux têtes des sentinelles, se précipite dans ces lieux où étaient embusqués ces soldats avec lesquels il s'empara de la ville, tant par la ruse que par la témérité. Elle adopte pour armes l'image du chevalier muni des deux têtes inanimées. Action sans exemple! *Geraldo Sans-Peur*, est le nom de ce héros invincible (1). »

Au nord d'*Evora* s'élèvent des collines couvertes, près de la ville, de jardins et, à leur sommet, de chênes verts. La route d'ici

---

(1) Olha aquelle, que desce pella lança
Com as duas cabeças dos vigias
Onde a cilada esconde, com que alcança
A Cidade por manhas e ousadias.
Ella por armas toma a semelhança
Do Cavalleiro, que as cabeças frias,
No maõ levavo. Feito nunca feito,
Geraldo Sem-pavore o forte peito.

à *Montemor o Novo*, distant de cinq *legoas*, passe sur des montagnes de granit, couvertes en partie de champs cultivés, de belles forêts de chênes verts, et de pâturages, qui donnent à la campagne un aspect très-varié. De *Montemor o Novo* nous nous rendîmes à Lisbonne par le chemin dont j'ai parlé plus haut.

CHAPITRE XXXVIII.

Sur la littérature et la langue portugaise.

AUX notices données précédemment, touchant la littérature portugaise, j'ajouterai ce qui suit :

Les choses ne sont plus telles que M. de Jung les présente dans la préface de la grammaire portugaise qu'il a fait paraître il y a quelques années. Il se plaint de l'extrême difficulté qu'on a à se procurer des livres à Lisbonne : il dit qu'ils y sont si chers, qu'on les paie bien au dessus du prix indiqué sur le titre. Il y a aujourd'hui plusieurs libraires à Lisbonne qui, à la vérité ne font point d'affaires au dehors, mais qui cependant sont assez bien assortis en livres portugais, et qui les vendent selon la taxe fixée, sauf une bagatelle en sus, qu'on paie pour la reliûre; les livres ne se vendent dans cette ville que reliés ou brochés, et non en feuilles, comme c'est la coutume en Allemagne. Il est vrai qu'on chercherait souvent en vain des livres anciens dans les magasins; mais c'est la même chose chez nous dans quelques librairies considérables (1). Dans plusieurs endroits à Lisbonne, les bouquinistes étalent des livres, et souvent on trouve chez eux des ouvrages portugais et un assez grand nombre de livres étrangers, à un prix très-modique. C'est particulièrement le cas à l'égard des livres rares espagnols: un amateur de la littérature ne doit pas non plus oublier de visiter les relieurs, où l'on trouve en vente beaucoup d'anciens ouvrages.

Jadis il fallait une multitude de permissions pour imprimer et pour publier un ouvrage. D'abord l'inquisition intervenait, comme on peut bien se l'imaginer; et lorsque le manuscrit avait obtenu toutes les permissions requises, il fallait encore avoir un cer-

(1) Aussi la taxe ne regarde-t-elle que les livres en feuilles: il y est expressément dit : *foi taxado este libro em papel.*

tificat de chacun de ces tribunaux, portant que l'ouvrage imprimé était conforme au manuscrit. Ce fut le marquis de Pombal qui remit la censure à un bureau particulier, dans lequel on adjoignit à l'inquisition et au tribunal particulier du patriarche, (*o ordinario*) d'autres censeurs en grand nombre, pris parmi les employés du gouvernement qui ne sont pas ecclésiastiques. La permission donnée par ce bureau de censure, suffit maintenant pour l'impression et la vente des ouvrages; voilà pourquoi on trouve sur le titre des ouvrages ces mots : *cõm licença da Real Meza da commissao geral sobre o Exame e Censura dos Livros.*

Les journaux, les gazettes et autres écrits de ce genre, n'ont besoin que d'une permission de la *Meza do Desembargo do Paco*, ou (pour traduire littéralement) du département des affaires du palais, qui est également chargé de l'inspection de la police. Les libraires sont responsables de la conformité d'un ouvrage imprimé avec le manuscrit.

Dans les anciens ouvrages portugais, on trouve après le titre une protestation, dans laquelle l'auteur assure qu'il n'a jamais pensé à rien écrire de contraire à l'église catholique. Quelques poètes ont même jugé nécessaire d'affirmer qu'ils ne croyaient pas aux divinités du paganisme. On cite souvent à cette occasion un vers prétendu du grand Camoëns, qui renferme cette déclaration ; mais le poëme auquel ce vers appartient, est apocriphe, et faussement attribué à ce poète, comme plusieurs autres. Dans les écrits de nouvelle date, cette déclaration ne se trouve plus. On aurait cependant tort de ne reprocher ce ridicule qu'aux seuls Portugais ; on n'a qu'à jeter un coup-d'œil sur la célèbre édition des principes de Newton, par *Jaquier* et *le Sueur*, et l'on verra qu'à Rome, ces deux savans ont cru devoir déclarer, en 1739, qu'ils ne croyaient pas, avec Newton, au mouvement de la terre autour du soleil (1). On s'est si souvent diverti aux dé-

(1) Au reste, cette protestation était d'usage en 1790 en Italie, pour toute espèce de composition, même pour les opéra, dont l'auteur était obligé de déclarer que ses expressions devaient se pren-

pens de la nation portugaise, qu'il est bien permis aussi de retracer les sottises des autres nations.

L'inquisition n'a jamais été bien redoutable en Portugal. Sous le gouvernement précédent, elle était devenue entièrement insignifiante, et se bornait uniquement à la répression des moines indociles. La dévotion de la reine actuelle a fait accorder à ce tribunal une protection qui lui a donné quelque pouvoir et l'a rendu redoutable, surtout aux écrivains. Au reste, on ne pense plus actuellement à faire des *Auto-da-fé* ou à infliger des peines corporelles; celle de l'exil est plus fréquente; on dirait qu'elle passe ici pour une bagatelle, car on la prononce quelquefois même dans le doute si l'accusé est coupable ou non.

Il ne paraît qu'une gazette politique en Portugal, intitulée: *la Gazeta de Lisboa*; tous les papiers publics étrangers y sont expressément défendus; ce qui fait que les nouvelles politiques n'y arrivent souvent

---

dre poétiquement; mais qu'il se déclarait bon catholique.

que très-tard ; mais en récompense on peut compter sur la vérité des faits annoncés dans cette gazette, lorsqu'on n'y trouve point l'expression douteuse : *on dit.* On est assez indifférent sur le choix des nouvelles ; on s'inquiète fort peu si elles sont favorables à l'État ou non. La nouvelle de la bataille d'Aboukir n'arriva qu'avec celle de la prise de Malte. Le ton du rédacteur y était très-modeste et très-impartial ; mais peut-être dans cette circonstance, la crainte recommandait-elle la circonspection, surtout à cause de l'Espagne.

Il paraît annuellement un Almanach royal à Lisbonne, qu'on ne peut pas mettre au rang des plus mauvais qui existent dans ce genre. Au mois de mars 1799 je n'avais pu encore obtenir celui de l'année courante. Outre cela, on imprime encore le *Calendario dos Santos* et quelques autres de moindre importance. *Jose Maria Dantes Pereira*, publie sous les auspices de l'académie ses *Efemerides nauticas*, qui ne sont qu'une répétition des Ephémérides anglaises.

On ne connaît, dans ce pays, ni journaux

littéraires, ni ceux qui rendent compte des ouvrages qui ont nouvellement paru ; les éditeurs des ouvrages nouveaux se contentent de les annoncer simplement dans la *Gazeta de Lisboa.* Il y a des affiches d'indication comme à Londres et à Paris. Malgré le grand nombre d'établissemens littéraires qui existent à Lisbonne, on ne voit point paraître d'écrits de circonstance. Cependant il est d'usage qu'un jeune homme qui sollicite une place, laquelle exige des connaissances au dessus du vulgaire, ou qui desire obtenir du gouvernement quelques secours pour ses études, s'annonce par un petit ouvrage. Ainsi j'ai vu paraître naguères, un petit Abrégé d'anatomie, assez médiocre, fait par un chirurgien pour obtenir une place de professeur d'anatomie, dans une nouvelle institution qu'on voulait établir. Un certain *Constanço*, qui avait étudié la médecine aux frais du gouvernement, d'abord à Edimbourg, ensuite à Paris, publia de même, pendant que j'étais à Lisbonne, une dissertation sur la culture de la Soude. Au lieu de favoriser des établissemens souvent assez inutiles, le gouvernement devrait encourager davantage des écrits de ce genre, afin d'accoutumer peu-à-peu les Portugais à la lecture des livres scientifiques.

Dans un pays où les habitans s'occupent si peu de littérature, les journaux ne sauraient prospérer. Cependant il paraît à Lisbonne une feuille hebdomadaire, intitulée : *o Almocreve de petas*, qui est lue avec avidité, et qui renferme des anecdotes, des bons mots, de petites pièces de vers, etc. *Almocreve*, signifie, comme *arriero* en Espagnol, un muletier qui transporte des marchandises d'un lieu en un autre, et *petá* bagatelle. Le titre de ce livre correspond à *courrier de bagatelles*. La plupart des bons mots qui s'y trouvent, sont insignifians, et les anecdotes aussi froides que mal écrites. Quoiqu'il en soit, dans le grand nombre il se trouve quelques objets assez intéressans; souvent des critiques relatives à telle ou telle personne. L'auteur va même quelquefois jusqu'à se moquer de certains couvens, dont il donne la chronique scandaleuse. Les contes sont d'un genre trivial ; on en jugera par l'échantillon suivant : « Un commissionnaire est envoyé par » son maître dans un couvent de religieu- » ses, nommé *Chelas*, (monastère qui est » aux environs de Lisbonne) pour y re- » mettre une lettre. Les religieuses lui don- » nent un petit panier de confitures avec » une réponse non cachetée, laquelle porte » que ce présent est destiné pour leur » *criado*, mot qui désigne également un » domestique et un homme qui courtise » les dames. Malheureusement ce commis- » sionnaire qui sait lire, s'imagine que » cette friandise est pour lui, et il la » mange. A son retour, son maître se » fâche, veut le battre, etc. » Il est très-rare qu'un lecteur de bon goût trouve parmi ces platitudes quelque dédommagement dans une saillie heureuse ou dans un trait satyrique contre les personnes du jour ; cependant, les poésies que l'on y insère, offrent par-ci, par-là, quelque éteincelle de talent poétique, et il y en a qui ne sont pas sans mérite.

Le goût pour la poésie n'est pas encore tout-à-fait perdu dans cette contrée. Le

Portugal se vante, avec raison, d'avoir produit des poètes supérieurs à ceux de l'Espagne, et il est hors de doute que cette dernière le lui cède à cet égard *Ercilla* et tous les autres poètes épiques espagnols sont incomparablement au dessous de *Camoëns*, qui peut rivaliser avec les premiers poètes de l'Italie. Encore Camoëns n'est-il pas le seul qui jouisse de cette prérogative ; la *Ulyssipovon* de *Sousa Macedo* marche bien de pair avec l'*Araucana* d'*Ercilla*, en mérite poétique ; toutefois *Camoëns* l'emporte tellement sur les autres poètes de sa nation, qu'il est rare de les voir citer chez l'étranger. La *Flore poétique du Portugal*, que nos littérateurs ont peut-être trop négligée, contient plusieurs pièces détachées qui mériteraient leur attention ; il est vrai de dire : que la majorité des écrits qui se publient à Lisbonne, ont pour objet, soit la dévotion, soit la poésie. Les jeunes gens s'occupent principalement de cette dernière : le sexe aime beaucoup les vers; les dames proposent quelquefois des jeux poétiques ; elles donnent la ritournelle (*mote*) qui doit terminer une pièce de vers (*glozas*) qu'elles invitent leurs jeunes adorateurs à improviser. Dans la collection du Camoëns on trouve de pareils *motes* et *glozas*; et les recueils les plus récens fournissent de ces petites productions de société, que des personnes, même d'une classe distinguée, favorisent et protègent. Mes compatriotes seront peut-être flattés d'apprendre en cet endroit que la comtesse de *OEynhausen*, fille du marquis de *Alorno*, et par conséquent née portugaise, a traduit avec succès, en portugais, plusieurs chants de l'*Oberon* de *Wieland*. Il est fâcheux qu'elle ne veuille point encore se décider à les publier.

Au reste, l'Epopée, et en général la haute poésie, deviennent de jour en jour plus rares. On voit très-peu de drames originaux; la plupart ne sont que des imitations ou des traductions de poésies françaises; mais principalement italiennes. Les compositions anglaises sont peu goûtées et très-mal traduites. Les satyres sont assez rares; si l'on en excepte quelques sonnets satyriques, je ne connais point d'ouvrage de ce genre un peu marquant chez les Portugais. Leur littérature nouvelle offre un poëme héroï - comique, sous le titre de: *Gaticanea o cruelissima guerra ente os caès, e os gatos: Poema escrito por Joao-Jorge de Carvalho. Lisb.* 1794. 8. Ce poëme a été lu avec plaisir; il offre plusieurs traits comiques; cependant son ensemble est souvent plat, et les plaisanteries peu ingénieuses. Il est plus ordinaire de rencontrer des odes, des chansons, des pastorales et surtout des sonnets qui, comme chez les Espagnols, sont ici très en vogue. La plupart des poésies de circonstance et improvisées, offrent cette forme, sous laquelle le Portugais exprime les premières conceptions de son esprit et de son cœur; c'est dans le sonnet qu'il consigne des saillies passagères et fugitives que son caractère bouillant et léger, ne lui permet pas de développer dans des ouvrages de longue haleine et écrits d'après un plan bien ordonné et réfléchi : l'on pourrait sans doute faire une collection de sonnets ingénieux, tant parmi les anciens que parmi les poètes modernes portugais.

La poésie bucolique a aussi été cultivée

de tout tems par cette nation. On a d'excellens morceaux en ce genre dans le Camoëns. A côté de ce grand homme les Portugais placent six autres poètes champêtres qui n'égalent pas à la vérité le Camoëns, mais qui ont écrit des choses excellentes. On dirait que le goût de la nation, accoutumé à ces grands modèles, s'est blasé sur les productions pareilles de ses poètes modernes. Il est vrai que la plupart de ces derniers ne savent qu'imiter le Camoëns; on n'écrit que des complaintes d'amour, et des pièces où règnent une ennuyeuse uniformité, et une répétition continuelle des mêmes pensées. Les nouveaux poètes ont abondonné ce naturel qui seul donne à ces sortes de poëmes tout leur intérêt et tout leur charme.

Dans les odes et les chansons, surtout dans les pièces légères et sentimentales, on trouve plusieurs excellens morceaux. La poésie portugaise offre beaucoup de poëmes sans rime, où l'on tâche même d'imiter les mètres des anciens. On rencontre souvent dans leurs collections des odes dans le genre des poésies de Sapho; ils ont

de

de bonnes traductions des auteurs anciens. Mais lorsqu'ils veulent les versifier, elles sentent presque toujours la contrainte; la plupart de ces productions sont ordinairement en vers ïambiques. Cependant l'art métrique des poètes portugais ne semble pas encore avoir fait de grands progrès; ils ne se sont point hasardés jusqu'à l'hexamètre. Ils mutilent les rythmes des anciens, comme autrefois les poètes allemands, qui croyaient que leur langue n'en comportait pas une imitation exacte. Dans les odes saphiques, ils changent à la troisième mesure le dactyle en trochée; dans celles du mètre alcaïque, ils répètent au quatrième vers la mesure du troisième, et ne le font qu'en ïambes. Je citerai ici un exemple de ce dernier mètre :

Mas tu ditoso, placido Espirito,
Entre os risonhos Coros Angelicos.
N'um turbilhao de luzes,
Sobes aos astros nitidos.

Ceux qui voudront scander ces vers portugais, doivent observer que la dernière voyelle d'un mot, ne s'élide point comme dans l'Espagnol et l'Italien, lorsque le mot suivant commence par une voyelle ou par un *h*; la syllabe *aos*, proprement *a os*, ne fait de même qu'une seule syllabe.

Un autre poète croit écrire dans ce mètre, en n'employant que des ïambes; il dit:

Ja se transformas em montanhas rigidas
Do vasto pelago as campinas eerulas
In Neptnne sanhoso
Mil bocas abre por tragar a terra.

Ainsi, on voit que les Portugais, nomment *odes alcaiques* des strophes qui y ont seulement quelque ressemblance par rapport à la longueur des syllabes; mais ils n'ont aucun égard à la quantité, et ils se contentent de ne pas blesser ouvertement les règles de la prononciation.

Je me suis informé quels étaient les poètes modernes auxquels ils donnent la préférence, et j'ai demandé aux libraires les titres des ouvrages qui avaient le plus de débit. Tous s'accordaient à donner la palme aux *Rimas de Manoel Barbosa du Bocage*, dont une nouvelle édition a paru en 1794 à Lisbonne. Cette nouvelle édition renferme des sonnets, des odes, des chansons, des idylles et quelques fables. Cet auteur existe encore; d'abord pauvre et malheureux, il suivit l'exemple de Camoëns et alla chercher la fortune aux grandes Indes. On ne peut lui refuser un talent très-distingué; toujours maître de sa diction, son expression est concise et énergique; et, ce qui se trouve ici très-rarement, avec cette qualité, son stîle est rempli d'harmonie. Il évite ce ton fade, plaintif et langoureux qui domine dans les ouvrages de ses rivaux; et quoiqu'il règne aussi dans la plupart de ses poésies une teinte mélancolique, il s'exprime toujours avec force et avec vigueur. Il évite l'écueil contre lequel échouent ordinairement les poètes espagnols et italiens; je veux dire, qu'il se livre peu aux *jeux d'esprit* et aux *concetti*. Cependant on peut lui reprocher de l'exagération et une magnificence outrée dans la peinture de certains objets qui exigeraient un ton plus simple: nous donnons ici un de ses sonnets, qui cependant n'est pas le meilleur qu'il ait fait; mais nous l'avons préféré par rapport au sujet qu'il traite; c'est le 32e. sur la situation des Indes:

Por terra jaz o Emporio do Oriente
Que do rigido Affonso o ferro, o raio
Ao grão Filho ganho do grão Sabaio
Envergonhando o Deos armipotente.

Cahio Goa, terror antigamente
Do Naire vão, do perfido Malaio
De barbaras Nações.. ah! que desmaio
Apaga o Marcio ardor da Lusa Gente!

Oh Seculos de Heroes! Dias de Gloria!
Varões excelsos, que, a pezar da Morte
Viveis na tradição, viveis na Historia!

Albuquerque terivel, Castro forte,
Menezes, e outros mil, vossa memoria
Vinga as injurias, que nos fas a Sorte.

« Elle n'existe plus, cette ville commerçante de l'Orient (1), que le fer et la foudre du sévère Alphonse (2) arracha au fils du grand Sabéen. — Alphonse qui fit honte au dieu de la guerre.»

« Goa est tombée, elle qui fut jadis la terreur des orgueilleux Naires, des perfides Malais, de ces nations barbares... Hélas! il s'est éteint, le feu guerrier Lusitaniens. »

---

(1) La ville de Diu.

(2) Affonso Albuquerque.

« Age des héros! jours de gloire! valeureux guerriers! vous bravez le trépas parce que vous vivez dans les traditions et dans l'histoire. »

. . . .

« Terrible Albuquerque, brave Castro Menezes et mille autres, votre souvenir venge le tort que nous fait la fortune! »

On ne peut s'empêcher de rire à la seule idée d'un autre poëme du même auteur sur l'*immaculée Conception* ; cependant on y trouve une véritable pompe d'expression : il y paraît avoir eu en vue l'imitation de la quatrième églogue de Virgile par Pope. Dans une autre pièce anacréontique où il s'adresse à *la rose*, on trouve tout ce que la langue portugaise peut offrir de douceur de sentiment et cette multitude de belles expressions familières à cette nation, surtout lorsqu'elle parle de la beauté : mais cette poésie perdrait trop dans une traduction.

Après *Bocage* on nomme les *Poesias lyricas de Médina* qui parurent à Lisbonne en 1797. Quoiqu'elles contiennent de grandes beautés, elles n'atteignent point la force et l'harmonie de celles de *Bocage*. Les sentimens gracieux et surtout les tableaux de la nature, lui réussisent mieux et forment en quelque sorte le seul mérite de cet auteur qui est né à Madeira.

Les ouvruges en prose sur les belles-lettres sont très-rares. Le stîle des écrivains de ce genre n'est point, à la vérité, empoulé comme celui dont les Espagnols ne peuvent encore se défaire; mais il est embarrassé, obscur, plein de réticences et de digressions. Les meilleurs historiens du pays remontent toujours dans leurs tableaux jusqu'à l'époque du déluge. Un éloge de d'Alembert, par M. *Stockler*, inséré dans les Dissertations de l'Académie de Lisbonne, se distingue cependant par une belle diction. Dans les *Mémorias da Litteratura portugueza*, on s'attend à trouver des compositions estimables; on n'en rencontre aucune qui mérite attention par raport au stîle; je ne connais point non plus de bons auteurs en prose parmi leurs anciens écrivains. Pendant le règne de Jean V et celui de Joseph, on écrivait beaucoup; mais il régnait un mauvais goût; le stîle était guindé et extravagant. Le plus absurde de tous les littérateurs de cette époque est *Raphaël Bluteau*. Ce fut lui qui introduisit ce ton devenu chez eux presque national pendant une assez longue période. Depuis environ vingt-cinq ans les Portugais ont changé à cet égard, et les auteurs actuels suivent une meilleure route. Ils étaient même sur le point de surpasser les Espagnols, si un gouvernement bigot et une guerre ruineuse, n'eussent retardé leurs progrès.

Les traductions en langue portugaise des écrits de la littérature française, sont assez communs; on y lit, dans la langue du pays, presque tous ceux que la religion a permis de traduire, et quelques-uns sont bien rendus; entr'autres *Gil-blas*, par *Boccage*, *Adèle* et *Théodore*, etc. Les *Eloges* de *Thomas* et plusieurs autres productions françaises transplantées dans la littérature des Portugais, contribueront à améliorer leur prose. Rarement ils traduisent les écrits espagnols, à cause de la trop grande affinité des deux langues; peut-être la haine nationale y entre-t-elle aussi pour quelque chose; car il est presque impossible à un Portugais de faire l'éloge d'un Espagnol. Quant à l'Italien, on n'en a traduit que des drames ; et on donne rarement des ouvrages anglais, excepté quelques voyages, par exemple, celui de Murphy, ainsi que plusieurs écrits de médecine. Je n'en connais point qui aient été traduits de l'Allemand. On lit cependant en portugais, dans des traductions faites d'après le français, deux de nos productions poétiques, dont l'une est la plus méprisée ainsi que l'autre la plus estimée de celles de notre Parnasse. On les devinera aisément ; ce sont : l'*Arminius* de *Schonaich* et la *mort d'Abel* de *Gesner*.

Les romans portugais sont mal conçus et bien inférieurs à ceux des Espagnols ; on n'a encore traduit que quelques anciens mauvais romans des Français et plusieurs très-médiocres des Anglais. On a une collection de Nouvelles ; intitulée : *Lances da Ventura, Acasos da Desgraça e Heroismos da Vertude, Novelles offerecidas a Naçao portugueza para seu divertimento. 5 Tom.* 1794. Ce titre suffit déja pour faire deviner dans quel esprit ces nouvelles ont été rassemblées. Un roman en faveur, tant parmi le peuple que chez les personnes distinguées, est *la Historia di Carlos Magno ou doz dozo*

Pares de Franza, dont il paraît journellement de nouvelles éditions. Les bouffonneries font beaucoup d'effet dans la langue portugaise, et plus même que dans celle des Espagnols : on lit et relit avec plaisir ces espèces de folies. On trouve par-tout les portraits des douze Pairs, parmi les images que l'on vend dans les rues, aux enfans; là paraissent la *formosissima Floripes*, le géant *Ferabras*, le *Duque de Borgonha*, *Rinaldo*, et tous les autres personnages de l'ancienne chevalerie.

Les gravures et les tableaux qui se vendent dans les rues, me font ressouvenir des caricatures. Quel est l'objet de ces images, à Londres? le ministère et l'opposition; à Paris? le jeu, les modes, les plaisirs du jour; à Lisbonne? les poignards et les coups de couteau. Presque toutes les productions de ce genre ont pour objet de s'égayer sur les meurtres. J'en ai une devant les yeux, où un individu en accoste un autre, pour lui demander l'argent qu'il lui doit, le couteau à la main; celui-ci veut riposter avec son poignard; un troisième qui se trouve derrière eux, dit: *agora accomodamse !*

« Les voilà qu'ils s'arrangent ! » Sans doute que la corruption d'une nation doit être bien grande pour qu'elle puisse regarder ces excès comme prêtant à la plaisanterie.

Après cette digression je reviens à la littérature portugaise proprement dite. L'histoire littéraire a été presqu'entièrement négligée depuis l'ouvrage connu de *Barbosa Machado*, dont un livre plus récent, intitulé le *Summario da Bibliotheca Lusitana*, n'est qu'un extrait. Dans les *Memorias da Litteratura Portugueza*, en 7 *vol.*, publiés par l'Académie, on ne trouve que très-peu ou presque rien sur ce sujet. L'histoire de la poésie bucolique insérée dans ce recueil et qui ensuite a été imprimée dans les grands *Memorias* de l'Académie, est extrêmement stérile en notices.

En récompense, ces *Mémorias de litteratura portugueza* offrent beaucoup de traités sur l'histoire du pays, qui sont en partie faits avec soin et exactitude ; plusieurs points de la constitution ancienne et nouvelle du Portugal s'y trouvent expliqués, et en même tems les compilateurs offrent des documens et des pièces justificatives. Celui qui étudie l'histoire du Portugal ne peut s'en passer (1). Après ces Mémoires, on n'a que quelques ouvrages modernes très-insignifians sur cet objet ; il n'en existe pas un seul qui soit écrit dans un stîle passable.

La philologie est dans un triste état en Portugal. L'Espagne n'a pas laissé de faire paraître de tems en tems des éditions splendides des auteurs classiques anciens ; mais ici on ne connaît que des éditions de peu de valeur, à l'usage des colléges, et dont l'impression est très-défectueuse. Les traductions en prose, faites dans la même vue, ne méritent aucune attention : les traductions en vers sont un peu meilleures. On y trouve de tems en tems des passages rendus avec énergie et justesse, d'autant plus que la langue portugaise se prête plus qu'aucune autre à la langue latine. Lisbonne possède un savant très-versé dans les langues orientales ; c'est *Fr. Joào de Sousa*, dont les *Vestigios da lingoa ara-*

---

(1) Il faut encore citer ici la *Collecçào de livros ineditos de Historia portugueza*, etc. 3 *vol. in-fol.* publiés par l'Académie.

bica em Portugal, et ses *documentos arabicos*, sont très-bons, si l'on s'en rapporte au jugement d'un grand connaisseur, le professeur Tychsen à Göttingue.

Longtems la philosophie des Portugais a été réduite au langage barbare des écoles. Pombal s'efforça de bannir ce jargon ridicule des établissemens publics; et les chaires de logique et de métaphysique furent alors supprimées même dans l'université de Coimbre. Mais la science n'a pas beaucoup profité de cette suppression; et depuis cette époque, il n'a, à ma connaissance, paru dans ce pays aucun écrit où des matières philosophiques aient été traitées avec une certaine distinction.

Je ne me permettrai pas de manifester mon jugemént sur l'état de la théologie en Portugal; mais il est évident que rien ne s'y fait ni ne peut s'y faire pour l'instruction religieuse et morale du peuple. Je ne trouve que des titres de livres de dévotion, souvent assez curieux: par exemple, des prières que les jeunes filles adressent à leurs anges gardiens; d'autres qui discutent sur la manière dont on doit écrire le nom de *Jésus*, lorsqu'il précède celui de *Christ*, etc. Cependant il existe une nouvelle traduction de la bible en langue vulgaire, par le *Reverendo Padre Antonio Pereira de Figueredo*, historien et théologien polygraphe ; elle a pour titre : *Biblia sagrada que contém todo o Velho e Novo testamento, traduzida em Portuguez com doutissimas notas, prefaçòes et Licòes, Variantes em* 8. 23 *Vol.*; si les notes en sont *doutissimas* et les variantes choisies avec discernement, voilà ce dont je ne saurais juger.

Je ne puis donner aussi que très-peu de détails sur la jurisprudence du Portugal. Tout ce que je puis dire, c'est que dans les *Memorias da Litteratura Portugueza*, on trouve souvent des titres de traités sur quelques matières isolées, relativement à cette science. L'Académie a fait imprimer : *Paschalis Josephi Mellii Freirii Historia Juris civilis Lusitani. Liber singularis* ; 4°. *Ej. Institutio juris civilis et criminalis lusitani.* 5 *volumes* in-4°. *Synopsis chronologica de Subsidios, aiuda os mais raros para a Historia e Es-*

tudo critico da Legislaçao portugueza, *ordenada por José Anastasio de Figueredo.*

On se doute bien que l'Angleterre, depuis si longtems en liaison intime avec le Portugal, doit avoir eu une assez grande influence sur ce qui concerne la médecine. Les meilleurs médecins de Lisbonne (et il y en a quelques-uns) traitent leurs malades à la manière anglaise. Il y en a même qui ont étudié à Edimbourg : au reste les bons écrits de médecine qui paraissent, ne sont que des traductions faites de l'anglais; le docteur de *Paiva*, grand polygraphe, en a soigné plusieurs parmi lesquels se trouve aussi la *Materia Medica* de *Cullen*. Tous les ouvrages de ce savant anglais ont été traduits. Les Portugais n'ont rien produit sur cet art; c'est cependant une erreur de croire que leurs médecins suivent absolument la routine des anciens, non plus que des Arabes, ainsi qu'on l'avance dans le *Tableau du Portugal*. La nation ne semble s'attacher dans cette science exclusivement à aucune méthode; elle aime la nouveauté; mais le plus grand défaut de ses savans c'est d'être trop superficiels.

Les mathématiques ont été jusqu'à présent tout-à-fait négligées, ainsi que les autres connaissances qui exigent des études approfondies et solides. M. *Stockler*, auteur d'une *Introduction à la théorie des fluxions*, est très-bon géomètre, quoiqu'il n'ait rien dit de nouveau pour les géomètres allemands dans son ouvrage. Dans les *Memorias da Academia de Lisboa*, on trouve quelques traités de mathématiques qui ne sont pas à mépriser, quoique cette compagnie savante ait naguères prêté matière à la critique en proposant pour sujet un certain problême de mathématique très-aisé à résoudre. *Stéphano Cabral* est encore dans ce pays au rang des géomètres distingués pour la pratique. L'étude de l'astronomie y languit entièrement depuis les dernières observations astronomiques insérées dans les *Memorias* de l'Académie; au moins cette société n'en a-t-elle publié aucune. Les *Efemeridas nauticas*, dont j'ai parlé, n'offrent que des extraits. Les observatoires de Portugal sont entièrement dépourvus des instrumens nécessaires. Les livres de géographie qui ont paru depuis le grand ouvrage assez célèbre *de Lima*, ne contiennent que de maigres extraits de celui-ci. Il est honteux qu'on n'ait aucune carte du Portugal, à l'exception de celle de *Lopez*, publiée en Espagne, dans laquelle on remarque même beaucoup de fautes grossières, relativement aux contrées les plus fréquentées et les plus connues de ce pays. On va cependant remédier incessamment à ce défaut. Le prince régent vient de faire entreprendre à quelques géographes des voyages dans l'intérieur du pays, pour en dresser la carte. Les savans ont fait leurs observations sur les plus hautes montagnes en-deçà et au-delà du *Tage*, de la *Serra de Estrella* et de la *Serra* de *Foja* : le même prince a aussi établi une Académie de géographie, dont on doit attendre beaucoup de fruit.

Depuis Pombal on a cultivé l'histoire naturelle ; seulement on a mis peu de jugement dans l'emploi des moyens. J'ai déja parlé en plusieurs endroits de cet ouvrage du mérite et des défauts des écrits de *Vandelli* qui traitent de cette science ; on peut appliquer aussi ce jugement aux nombreux écrits que d'autres ont publiés

sur

sur cette matière. J'ai de même parlé de *Brotero*, et de son excellent *Compendio de Botanica*; mais voilà aussi à quoi tout se réduit. La *Flora Cochinchinensis*, par *Loureiro*, est très-connue chez nous; l'auteur de cette Flore, qui est mort à présent, a montré un amour extraordinaire pour cette science; il mérite l'éloge de tous les botanistes. Malheureusement l'exécution n'a pas répondu à son zèle; ses connaissances étaient médiocres lorsqu'il quitta l'Europe. Il n'avait avec lui, étant en Cochinchine, que les *Species Plantarum* de Linnée; et comme il n'a su rapporter de ce pays ni dessins bien faits, ni herbiers, cette compilation botanique est devenue un ouvrage qu'il faut refaire de nouveau.

Depuis, le gouvernement a envoyé, pour les progrès de l'histoire naturelle, un certain *Feijào*, dont il y a quelques traités dans les *Memorias Economicas* de l'Académie, aux îles du Cap Verd. Il y est resté quatorze ans. A présent il est au Brésil pour le même objet. J'ai fait sa connaissance à Lisbonne; il avait un herbier qui n'était pas en trop bon état, une collection de papillons enveloppés dans du papier ; (plusieurs centaines d'échantillons de chaque sorte,) et des graines de quelques espèces de plantes, spécifiées seulement sous les dénominations reçues dans ces îles ; je les ait fait venir dans le jardin botanique de Rostock ; elles appartiennent la plupart au genre des *Mimoses*. Il me lut un jour la description d'un nouveau genre, où avec la plus légère connaissance de botanique, on voyait sur le champ que ce genre n'était point différent de celui de la *Campanule*. Peu avancé dans la science, il était en outre réduit à lutter sans cesse contre les besoins les plus pressans de la vie; de manière que le public ne peut guères attendre de ses recherches des résultats intéressans.

On attend des dissertations savantes sur la minéralogie de M. *da Camara*, qui maintenant est de retour de Lisbonne. Il passe pour être un des savans les plus distingués dans cette science. J'ai déja annoncé un Manuel de Chymie de M. *Sobral* à Coimbre. *De Paiva* a non-seulement traduit la Chymie de *Beaumé*, mais il a encore publié un manuel, en 1784, dans lequel les chymistes français d'alors ont été mis à contribution. Pour la physique proprement dite, on n'a rien fait en Portugal, si nous en exceptons plusieurs traités non sans quelque mérite, par *Della Bella*, ancien professeur de physique à Coimbre. Mais cet auteur aimait, ainsi que son successeur actuel, à s'occuper par préférence de ce qui concerne l'économie rurale.

Cette science est, sans contredit, celle qui, dans ces derniers tems, a été la mieux cultivée en Portugal. Les *Memorias economicas* de l'Académie en sont la preuve; je les ai déja souvent cités, et je regrette beaucoup que cette collection utile ait été interrompue depuis la guerre. On y desire souvent des connaissances plus exactes en histoire naturelle, en chymie et dans les autres sciences. Il faut cependant convenir que nous pouvons faire le même reproche à ceux qui, chez nous, traitent de l'économie rurale.

Voilà un court exposé du triste état des sciences dans un royaume le plus ignoré de tous les pays de l'Europe ; mais tel déplorable qu'il puisse être, je demande à mes lecteurs s'ils n'en avaient pas une idée plus désavantageuse encore.

Après avoir parlé de la littérature des Portugais, disons un mot sur leur langue.

Le Portugais dérive évidemment de la langue latine ; il en a conservé un grand nombre de mots; mais la langue portugaise, comme l'Espagnol, le Français, l'Italien et le Grec moderne, a aussi quelque affinité avec les langues du Nord. La plupart de leurs mots conservent la prononciation latine; mais leurs constructions avec les verbes auxiliaires *avoir* et *être*, l'usage de l'article, etc., portent le caractère des langues du Nord. Le Portugais se rapproche beaucoup de l'Espagnol ; mais la prononciation est différente, et il a plusieurs mots qui lui sont propres.

Il est difficile de comparer deux langues relativement à l'harmonie. Elle dépend trop souvent de l'usage ; nous aimons tout ce qui dès notre enfance a frappé agréablement notre oreille ; les sons auxquels nous ne sommes point accoutumés nous paraissent désagréables. Tous les peuples cependant s'accordent à dire que trop de consonnes choquent ; les sons gutturaux surtout sont insupportables à la plupart des nations. Les voyelles simples frappent plus agréablement notre oreille que les diphtongues. D'un autre côté, des voyelles trop multipliées, et le défaut de diphtongues produisent une monotonie qui n'est pas moins désagréable. La langue d'Otaïti paraîtra absurde à la plupart des peuples ; la langue italienne même a le défaut d'être trop monotone, et ses terminaisons continuelles en *a*, *o*, *i*, *u*, rendent insupportable jusqu'au chant récitatif. Une langue peut, par trop de voyelles et des consonnes trop douces, avoir l'air maniéré et affecté comme la langue suédoise dans la prononciation *k* comme *tj*.

La langue espagnole est très-harmonieuse ; elle a des terminaisons d'un son plein et majestueux ; enfin elle offre une plus grande variété de sons que l'Italienne. Elle n'a point de diphtongues et moins de variété de sons que la langue française ; mais les terminaisons pompeuses, dont nous venons de parler, lui donnent un grand avantage sur celle-ci, dont les finales sont muettes et souvent désagréables à l'oreille. Il est fâcheux que l'espagnol soit ronflant, et quelquefois pénible à entendre, et qu'on y rencontre les sons gutturaux *j* et *x*. Il serait à souhaiter que la prononciation de la province d'Estremadure, où ces deux lettres se prononcent presque comme un *h*, fût généralement adoptée. J'intercalerai ici quelques observations sur la prononciation espagnole, que je n'ai point trouvées dans les grammaires : le *d* entre deux voyelles et à la fin d'un mot, ne s'entend point du tout. On restreint ordinairement cette règle aux participes *ado* et *ido*, mais elle est presque générale. M. *Fischer*, dans son voyage en Espagne, a déja fait cette observation, par rapport aux mots *Prado* et *Guadalquivir*; mais on peut aussi la faire à l'égard de *Badajoz*, *Merida* et autres. On dit ordinairement que la prononciation du *ch* se fait entendre durement comme *tsch*; mais les Espagnols, qui se piquent de bien prononcer, le rendent comme *zi*, d'une manière difficile à imiter. On grassaie presque toujours le *z*, mais d'une manière bien plus délicate que les Anglais leur *th*.

On pourrait reprocher à la langue espagnole qu'elle est maniérée. On accolle presque toujours à la lettre *t* un *i* avant l'*e*; aussi trouve-t-on souvent dans le milieu d'un mot un *e* qui suit un *i*, comme dans *tierra*, *tiniebras*, *tiene* : on ajoute un *e* après un *u*, comme *duero*, *nuestro*, *puente*; il faut encore rapporter ici le changement du *pl* latin en une double *l* et la prononciation du *z*. Dès que l'oreille y est accoutumée, tout reproche d'affectation doit cesser.

On ne peut point faire ce reproche à la langue portugaise; elle éloigne presque toujours, même où il paraît nécessaire l'*i*, et rétablit l'*o* au lieu d'*ue*; elle ne fait pas grasseyer le *z*; aussi les sons gutturaux lui manquent; le *j* ainsi que le *k* se prononcent comme le *j* français; aussi *ch* sonne comme dans cette langue. Elle a une plus grande variété par le moyen de plusieurs consonnes; *ai* se prononce comme *ei* en allemand, *ao* à la fin comme *aung*. Mais en récompense elle a des sons nasaux comme le français, par exemple, *ao*, *em*, *om*, où *m* sonne comme *ng*, ce qui n'est pas agréable. Mais surtout les finales pleines de la langue espagnole lui manquent. Les dernières finales sont muettes, même lorsque le mot se termine en *a* ou en *o*; ces voyelles sont énoncées tellement affaiblies, que l'on n'entend que l'*e* muet. Il faut y ajouter encore la mauvaise habitude de prononcer une *s* à la fin des syllabes et des mots, comme un *ch* faible; c'est ainsi que *mais* sonne presque comme *maisch*, *Lisboa* comme *Lischboa*; mais cette prononciation n'est point aussi connue dans les provinces et parmi le peuple que dans la capitale, et chez les personnes de distinction. Elle semble dériver d'une certaine affectation; on m'a dit qu'elle est nouvelle, et qu'on ne la connaissait point il y a vingt ans; on prétend qu'elle tire son origine des Anglais. Celui qui me fit cette observation, était un homme considéré, ayant beaucoup de connaissances: j'ai cru devoir m'en rapporter à son témoignage. En général, la langue portugaise, telle qu'elle est prononcée aujourd'hui, n'est pas si harmonieuse que celle des Espagnols; il est vrai qu'elle n'a point de voyelles gutturales, mais elle a en récompenses des sons nasaux, des finales muettes et trop de sifflement.

Elle diffère de la langue espagnole, outre quelque mots qui lui sont propres, par plusieurs mots singuliers; par exemple, elle ne souffre point l'*n* entre deux voyelles. On fait de *vino*, *vinho*, (prononcez *vinjo*) de *una*, *uma*, de *ganado*, *gado*, de *general*, *geral*. L'*l* derrière une consonne devient *r*; ainsi *branco* au lieu de *blanco*, *prata* au lieu de *plata*.. On fait du *pl* latin et du double *l* espagnol un *ch*; on change *pleno* et *lleno* en *cheio*.

En général, les Portugais n'aiment point la lettre *l*; c'est ainsi que vraisemblablement on forma de *lo* et *la* l'article séparé *o* et *a*, mais où *o* est prononcé comme *u*.

Au reste, elle rétablit par-tout l'*f* que les Espagnols changent au commencement d'un mot en *h*. *Fabulari*, en italien *favellar*, en espagnol *hablar*, en portugais *fallar*.

Pour le ton de la société, la langue portugaise a, sans contredit, des avantages sur celle des Espagnols; elle est plus brève, la prononciation fatigue moins les organes; elle est éloignée de toute affection; enfin c'est un doux murmure : ils ont encore un grand avantage en s'adressant à une personne. Les Espagnols expriment *vous* par *usted*, (prononcez *usté*) abréviation de *vuestra merced*; mais il serait extrêmement impoli d'omettre ce mot ; et lorsque cela a lieu, c'est comme si nous emploiyons le tutoiement familier : des personnes de considération sont honorées par *ussia* (*vuestra senoria*), etc.

Les Portugais n'ont point de pareilles abréviations; on dit tout court : *vossa mercé*, *vossa senhoria*, *vossa excellencia*, qu'on prononce, il est vrai, très-rapidement, mais en récompense il n'est pas même du bon ton de répéter souvent ces expressions ; on parle à la troisième personne sans ajouter quelque chose ; seulement au commencement, et lorsqu'on s'adresse particulièrement à quelqu'un, on y ajoute les formules dont nous avons parlé plus haut. Ceci rend la conversation très-agréable, car l'éternel *usted* des Espagnols est très-ennuyeux.

Au reste, la langue portugaise a été créée en faveur des bavards ; on peut parler beaucoup sans dire quelque chose. On voit souvent reparaître les mots *pois* et *pois entao*, qui n'existent que dans le ton narratif ; *esta bone*, *esta feito* (c'est bon, c'est fait) désignent une pause. Les personnes distinguées ainsi que celles du commun entremêlent toujours leurs discours de ces mots auxiliaires, souvent mal-à-propos. On demanda, par exemple, à une femme lorsque nous étions déja passablement avancés dans les Algarves, si nous y étions déja; elle répondit : *pois entao*, *Algarvo*, *esta feito*, *esta aqui*; eh ! sans doute, les Algarves sont ici.

Il est vrai que ce jargon rempli de politesse et de beaucoup de formules, peut devenir très-onéreux dans les conversations sérieuses.

J'ai déja dit ci-dessus que les Portugais emploient peu de juremens et de mots injurieux, peu de phrases dégoûtantes. Les Espagnols de distinctions disent *caramba*; *carrajo* (le f...... des Français) est très-usité parmi le bas-peuple. On entend toujours retentir parmi la populace espagnole le *demonio*, *miarda*, *mi cago en su alma*; mais excepté *diabo* et *merda*, on n'entend rien de pareil parmi la populace portugaise, et même très-rarement ces deux dernières expressions. La langue portugaise de même est beaucoup plus chaste que celle des Espagnols. *Quiere usted echar una vayna* est l'expression grossière des filles publiques en Espagne. *Quer tomar*, voulez-vous prendre? dit-on modestement en portugais.

Si un espagnol avait quelque chose à reprocher à la langue portugaise, à l'égard du ton de la conversation, ce serait le manque de clarté, parce que les mêmes mots ont une exception trop différente : par exemple, *a die* désigne le datif, et exprime en même tems *il y a*, *tem* signifie *il y a* et *ils ont*, etc., ce qui rend cet idiôme très-difficile aux étrangers, et les empêche souvent de s'énoncer avec précision.

Au reste, la structure de la langue portugaise est parfaitement semblable à l'espagnole, et l'on peut, sans changer la place des mots, traduire de l'une dans l'autre: dans toutes les deux, les déclinaisons et les conjugaisons se ressemblent beaucoup. Les Portugais se servent d'un plusque-parfait poétique à l'infinitif et au conjonctif, ce qui fait un bon effet. Ils se servent plus fréquemment de l'infinitif; et tout ceci réuni à la briéveté des mots, donne à la langue portugaise plus d'énergie et de souplesse.

Il est fâcheux que nous ne possédions pas en allemand une grammaire portugaise qui serait bien utile à la connaissance de cette langue ; elle le serait encore aux amateurs des belles-lettres. Ajoutez encore que ce langage est, pour beaucoup de contrées de l'Afrique, des Indes, de la Chine , etc., ce que la langue française est pour l'Europe. La grammaire portugaise de M. *de Jungk* ne peut nullement servir à apprendre la prononciation, et même les conjugaisons n'y sont pas toujours exactes. La grammaire de *Meldola* est sans doute plus utile sous ce rapport; mais sa composition par demandes et réponses en portugais et allemand, la rend très-désagréable. Ce qui choque au premier abord, c'est de le voir dans la préface commettre une faute grossière, parce que l'auteur se sert de l'infinitif au pluriel sans y ajouter un *em*. La grammaire anglaise et portugaise de *Veira* est sans contredit la meilleure.

ESSAI POLITIQUE

SUR LE COMMERCE

DU PORTUGAL

ET CELUI

DE SES COLONIES,

Par JOZE JOAQUIM DA CUNHA DE AZEREDO COUTINHO, *Evêque de Fernambouc, et membre de l'Académie royale des Sciences de Lisbonne.*

TRADUIT DU PORTUGAIS.

PREMIÈRE PARTIE.

Des avantages que le Portugal peut retirer de ses colonies au Brésil.

CHAPITRE PREMIER.

De l'extrême fertilité du Brésil; de ses troupeaux, surtout de vaches; de la prodigieuse quantité de poissons de ses côtes.

PARAGRAPHE PREMIER.

L'AMÉRIQUE est une des belles parties du monde, et le Brésil une de ses contrées les plus fertiles. La chaleur du climat y est tempérée par des vents de mer raffraîchissans, et la nature y est dans une activité continuelle. Une agréable verdure couvre, toute l'année, la surface de la terre; il y règne un printems continuel; les arbres offrent en même tems des fleurs, des fruits verts et des fruits en maturité.

§. II.

Les forêts produisent une multitude de fruits qui nourrissent une immense quantité de quadrupèdes et d'oiseaux qui habitent ces contrées. Les rivières, les étangs et les mers qui entourent ce pays délicieux, sont peuplés de toutes les espèces de poissons.

§. III.

Dans ces contrées, l'Indien sauvage vit sans travail et sans culture ; fier de la force et de l'agilité de ses membres, nud tel que la nature l'a jeté sur la terre, il agit et dort tranquillement, sans s'inquiéter du lendemain. Un arc et des flèches, voilà tous ses trésors, et toute son industrie. Ainsi vivent des milliers d'hommes, sans s'occuper de leur existence, comme s'ils n'étaient nés que pour jouir. C'est la véritable terre promise ; c'est là que sont les champs fortunés, où coulent le lait et le miel.

§. IV.

Le pays produit des animaux de tout genre ; les vaches surtout, y sont tellement multipliées, qu'on les tue uniquement pour en avoir la peau : la quantité de cuirs qu'on tire du *Brésil* en sont une preuve. L'abondance du lait répond à celle des vaches ; la viande que les habitans consomment n'est rien, en comparaison de celle qu'on perd sans utilité. Les animaux, les bêtes féroces, et surtout les tigres, en profitent ; toute cette perte vient de la cherté du sel (1).

---

(1) Ce n'est pas que la nature ne produise au Brésil beaucoup de sel marin ; à *Baya*, près *Cabo-frio* et près *Cabo de St. Roch*, il y en a tant, qu'on pourrait en charger des vaisseaux. Voyez *Vasancellos noticias do Brasil*, *liv. I*, *n°*. 42 et 57 ; mais le commerce du sel est défendu dans cette province, et est exclusivement réservé pour un fermier royal. Voyez *Bocha Pitta*, *hist. de Americ.* liv. I, n°. 49 et suiv.

§. V.

Dans le pays des mines, et surtout à *Minaes Géraes*, le sel est indispensable, non-seulement pour la nourriture des hommes, mais encore pour celle des troupeaux. On est obligé, dans les endroits séparés de la mer par de hautes montagnes, de fournir du sel aux animaux, qui, sans cela, refuseraient souvent de manger. Les champs qui avoisinent les mines produisent, à la vérité, de l'herbe en abondance; mais ils ne contiennent pas assez de parties salines pour les troupeaux; d'où il résulte qu'il faut faire le sacrifice d'une étendue considérable de terrein, ou se procurer du sel à grands frais pour le bétail que l'on nourrit (1).

---

(1) S'il se trouve dans l'intérieur de ce pays quelques endroits dont le terrein soit imprégné de sel, l'instinct y conduit des troupeaux immenses d'animaux et d'oiseaux qui viennent s'y repaître. Ce rassemblement de tant d'animaux d'espèces différentes, et des couleurs les plus variées, offre à l'observateur le coup-d'œil le plus agréable.

§. VI.

Le sel, cette production si nécessaire à la conservation de la viande, est tellement cher au *Brésil*, que, dans plusieurs cantons, la quantité nécessaire pour saler un bœuf, coûte deux ou trois fois plus que le bœuf même : il en est de même pour le poisson. Dans la province de *Rio-Grande*, un taureau coûte 700 *rées*, un cheval 600 à 800, un bœuf de la meilleure espèce 1600; un fromage de 9 livres, 160; une livre de beurre, 40 (1).

§. VII.

Le commerce du sel est défendu au *Brésil*. Le privilège exclusif de ce commerce est affermée 48 millions de rées du Brésil par an, payables à la trésorerie royale. Le fermier en tire annuellement plus de 96 millions; et après avoir payé 48 millions à la trésorerie royale, il lui en reste encore le

(1) 240 *rées* équivalent à 1 liv. 9 sols, monnaie de France.

double et plus pour lui, tout frais déduits. Il tire encore un bénéfice considérable de l'intérieur du pays. Les troupeaux étant très-nombreux dans ce pays, le sel y est encore plus recherché, et il y est plus cher, en raison des frais de transport, qui sont très-considérables à cause des montagnes presque impraticables. A *Serro-Frio*, un plat de sel est réputé à bon marché lorsqu'il ne coûte que 225 rées, aussi est-ce un des plus agréables présens qu'on puisse faire.

§. VIII.

Pour un seul homme que la ferme du sel enrichit, tous les habitans du *Brésil* perdent, ou du moins éprouvent une diminution considérable sur les bénéfices qu'ils devraient faire. Le commerce portugais est également frustré des avantages immenses que lui procureraient, sans d'aussi funestes entraves, l'abondance de poisson et de viande salée, de lard, de fromage et de beurre; et le trésor royal, en se privant des impôts que lui fourniraient ces productions du pays, sans la cherté excessive du sel, se fait tort d'une somme beaucoup plus forte que les 48 millions de rées qu'il tire de la ferme de cette denrée.

§. IX.

Tant qu'on ne pourra saler ni la viande ni le poisson, la marine portugaise ne prospérera pas; il n'y aura jamais ni cargaisons pour un grand nombre de vaisseaux, ni matelots en nombre suffisans, ni école pour les marins, et les frais de transport seront toujours très-considérables; ainsi le prix du sucre et de toutes les productions des autres colonies, ne diminuera jamais, et elles ne pourront, en conséquence, soutenir la concurrence, pour ces mêmes denrées avec les étrangers qui font la navigation à beaucoup moins de frais.

§. X.

Les contrées les moins habitées, sont les plus abondantes en bétail. Un seul individu y est propriétaire d'un immense terrein, couvert de plusieurs milliers de bestiaux; et comme le luxe ne croît qu'en raison de la population, il est presque nul, pour les habitans de ces contrées, relativement aux grands biens qu'ils acquièrent sans aucun travail.

§. XI.

Un seul vaisseau chargé d'objets fabriqués dans la métropole et envoyé à *Rio-Grande*, suffit à l'habillement et au luxe des colons; mais ce vaisseau ne peut prendre, au retour, une cargaison de la valeur de celle dont il était chargé, ni en argent, car il n'y en a pas dans le pays, (et il ne peut y en avoir, puisqu'il ne s'y fait pas de commerce) ni en productions, car elles sont beaucoup plus pesantes et beaucoup moins chères que celles de la métropole ; une cravate, par exemple, qui est d'un poids bien inférieur à celui d'un bœuf, est à *Rio-Grande* beaucoup plus chère que cet animal.

§. XII.

Le vaisseau de la métropole, pour rapporter en marchandises coloniales la valeur de sa cargaison, serait obligé, après avoir fait son premier voyage, chargé d'objets de fabrique européenne, de retourner deux ou trois fois sur son lest, et par conséquent de faire plus de frais de voyage, que son bénéfice pourrait lui rapporter; sans cela, le vaisseau de la métropole resterait toujours créancier de la colonie, et ne pourrait jamais remporter des marchandises pour solde de celles qu'il aurait apportées, ou bien il serait obligé d'ajouter au prix des marchandises qu'il aurait apportées dans un seul voyage, les frais de deux ou trois autres, ce qui détruirait d'un seul coup le commerce de la colonie, et celui de la métropole.

On pourrait cependant envoyer à la colonie des marchandises qui se rapprocheraient le plus qu'il serait possible des siennes, par le poids et la valeur; or, je ne crois pas que le Portugal ait des productions plus avantageuses sous ce rapport, que le sel; c'est la seule denrée propre à procurer un échange avantageux des productions de la métropole, contre celles de la colonie.

§. XIII.

Dès que le commerce du sel pour le Brésil sera libre, les innombrables troupeaux de ce pays ne seront plus abandonnés aux tigres, et l'immense quantité de poissons qui peuple ses côtes, ne sera plus la proie des monstres marins (1). Le pêcheur, le

(1) Je ne puis m'empêcher de reprocher leur négligence aux habitans de *Fernambouc*, de *Rio-Grande* et de *Cabofrio*; ils ne savent pas profiter de toutes les facilités qu'ils ont pour établir de grandes pêches, dont ils pourraient tirer des avantages considérables. La nature leur fournit du sel en abondance, et par conséquent ils ne sont pas assujettis à la ferme royale, ainsi qu'il est exprimé dans le neuvième article de la convention faite à ce sujet. Cet article porte : « Les habitans des gouvernemens de *Fernambouc*, *Cabofrio* et *Rio-Grande* peuvent se servir, sans restriction, de tout le sel, tant de celui qui est produit par la nature, que de celui qu'ils retirent des salines; mais il leur est défendu d'en exporter la moindre quantité à *Baja*, *Rio-Janeiro*, *Santos*, ou dans tel autre gouvernement que ce soit. » Tous les poissons dont il y a une quantité immense sur la côte du sud, doivent passer à *Cabo-*

propriétaire de troupeaux, le cultivateur et le négociant se prêteront des secours mutuels, et fourniront en même tems à la métropole, de la viande, du poisson, du pain, du fromage, du beurre et beaucoup d'autres denrées. Ce moyen seul versera des millions dans le trésor royal (1), et ouvrira

---

frio. Les prairies nécessaires pour saler et sécher les poissons, objet qui a si souvent excité des querelles entre les Anglais et les Hollandais sur les côtes de l'Écosse, y sont de la plus vaste étendue, et ne leur sont disputées par aucune autre nation. Dans le voisinage de ce cap, se trouve le grand village *San Pedro*, habité par des Indiens civilisés, qui feront cette pêche au prix le plus modique, et dont les femmes et les enfans même peuvent être occupés à porter le poisson à terre, à le saler, à l'étendre et à le ramasser sur les prés. En y établissant de bonnes pêches, comme à *Algavre*, *Cines*, *Cezimbra*, les propriétaires de *filets*, de *salines*, de *champs*, deviendront fort riches, et seront d'un grand secours pour l'entretien de la marine marchande. Les côtes, les esclaves et les ouvriers en tireront les plus grands avantages.

(1) Je ne prétends pas, en faisant cette proposition, que le trésor royal sacrifie à l'avantage des colonies du Brésil les quarante-huit millions de

au Portugal une source de trésors plus riche que les mines du Potosi.

---

rées que le fermier lui paie annuellement. En donnant au commerce du sel une liberté si nécessaire, on pourrait, en raison des avantages immenses qui en résulteraient pour les habitans, retirer la même somme, en établissant un impôt sur une production moins importante pour le commerce en général, et pour l'intérêt de l'état en particulier.

CHAPITRE II.

Le Portugal doit protéger le commerce maritime à cause des grands avantages qu'il tire, ou du moins qu'il peut tirer de ses colonies.

PARAGRAPHE PREMIER.

Le superflu des productions d'une nation fait l'objet de son commerce. L'agriculture et l'industrie sont ses conditions essentielles, mais leurs rapports sont d'une telle nature, que si l'une surpasse l'autre, elles se détruisent mutuellement. Sans l'industrie, les productions de la terre restent sans valeur, et si l'agriculture est négligée, les sources du commerce et de l'industrie sont taries; voilà ce qui met tant de bras en activité, et sans quoi tout dégénère en paresse, en vices et en misère.

§. II.

Un commerce étendu exige une grande navigation ; mais, comme les avantages de la navigation résultent des avantages de l'agriculture et des manufactures, il s'en suit que la navigation produit une augmentation de forces réelles et relatives dans l'Etat. Toute nation qui gagne, affaiblit d'autant la force réelle et relative de ses rivaux, et *vice versâ* elle augmente ses propres forces, en raison des pertes de ceux-ci.

§. III.

La politique distingue trois objets principaux dans la navigation.

1°. L'occupation qu'elle procure aux marins ;

2°. La construction et l'armement des bâtimens qui exigent le concours d'un grand nombre d'articles fabriqués ;

3°. L'avantage qui résulte de l'envoi à l'étranger des productions et des marchandises des manufactures, qui non-seulement donne de grands débouchés au commerce,

mais

mais qui procure en même tems de grands avantages à la nation qui s'en occupe.

Ces trois objets méritent un développement particulier.

§. IV.

Un pays très-peuplé qui avoisine la mer, dont les côtes sont vastes, et dont les habitans ont un penchant décidé pour vivre sur mer, ce pays peut employer à la marine une grande quantité d'hommes, qui gagnent plus à ce travail qu'ils ne pourraient le faire aux arts, à l'agriculture, ou à toute autre occupation à laquelle ils peuvent se livrer. Les gens de mer restant presque toujours à bord, où ils n'ont point d'occasion de faire de grandes dépenses, tout ce qu'ils épargnent de leur solde, tout ce qu'ils gagnent par des spéculations commerciales, ils le laissent à leur patrie ou à leurs familles. Cet argent est un gain réel pour l'état, et augmente la masse de ses richesses.

§. V.

Celui qui a vu construire et équiper un vaisseau, sait combien d'ouvriers y gagnent leur vie ; des charpentiers, des cordiers, des serruriers, des peintres, des tourneurs, des vîtriers, et une infinité d'autres artisans sont obligés de réunir leurs travaux pour mettre ce bâtiment en état de tenir la mer. La construction d'un seul vaisseau emploie une quantité immense de productions du pays, telles que le fer, le chanvre, le bois, les toiles, etc., etc., et augmente la consommation générale pour le plus grand avantage de l'État. Sous ce point de vue, la navigation, présente une manufacture immense, et elle mérite la même attention que les plus grandesmanufactures de l'État.

§. VI.

Toutes les productions, tant en vivres qu'en autres denrées, dont le propriétaire d'un vaisseau est obligé de s'approvisionner avant de se mettre en mer, deviennent plus considérables, et par la même raison, le commerce plus étendu, en proportion de l'accroissement de la navigation qui augmente à son tour la masse de ces productions. De là dérive un autre avantage de la plus haute importance pour l'État. Tous les approvisionnemens se faisant dans le port même d'où le vaisseau fait voile, la consommation des denrées du pays ne souffre aucune diminution par l'absence des marins, puisque les officiers et tout l'équipage sont nourris et entretenus à bord, comme ils l'étaient à terre avec les productions et l'industrie du pays.

§. VII.

L'avantage que le commerce même tire de la navigation par l'envoi des marchandises, n'est pas moins considérable. Si l'État ne s'occupe pas de la navigation, ou même s'il ne lui donne pas une étendue proportionnée aux productions de son sol, les commerçans sont obligés d'attendre l'arrivée des bâtimens étrangers, qu'ils ne peuvent ni faire partir, ni faire arriver à leur gré. Des marchandises qu'ils destinent aux pays étrangers, restent souvent longtems emballées; elles s'avarient ou perdent de leur valeur, et le gain auquel on devait s'attendre, devient nul. Le moment le plus favorable pour faire les envois et placer les marchandises, se passe, et la perte est irréparable.

§. VIII.

Une marine d'Etat produit encore d'autres avantages qui sont très-considérables. Comme le prix du frêt constitue toujours une partie de la valeur des marchandises, il est clair que les consommateurs étrangers sont seuls obligés de payer ce frêt au profit de la nation qui se charge du transport. ; d'un autre côté, la valeur des marchandises diminue dans la balance générale du commerce, en raison du prix du frêt, puisque celui-ci est tout-à-fait gagné par cette même nation. Dans un pays où le commerce est florissant, ce double avantage est de la plus haute importance.

§. IX.

Ces faits incontestables font la base de la maxime politique, que toute puissance que sa situation physique met en état d'entretenir une marine, doit encourager le peuple, par tous les moyens possibles, à s'occuper de la navigation; car un peuple qui fait faire la navigation par d'autres, lorsqu'il pourrait la faire lui-même, diminue, par cette inertie, ses forces réelles et relatives, à l'avantage de ses rivaux.

§. X.

Cet intérêt diversifié a obligé de tout tems les nations policées, d'entretenir à grands frais des forces maritimes, tant pour protéger l'exportation du superflu de leur agriculture et de leur industrie, que pour affaiblir et anéantir l'industrie de leurs ennemis; mais comme le commerce, par le grand nombre de matelots qu'il occupe toujours, même pendant la paix, est seul capable de donner le mouvement et la vie à une telle marine, il est clair qu'une nation policée, qui, par la situation physique de son pays, est capable de faire le commerce maritime, ne peut presque pas exister sans s'en occuper.

§. X I.

La richesse d'un Etat consiste en propriétés foncières et mobiliaires. Les biens fonciers appartiennent ordinairement aux habitans du sol, puisqu'ils exigent la surveillance et les soins des propriétaires; ils forment donc la richesse d'un Etat en particulier. Les biens mobiliers, comme le numéraire, les lettres-de-change, les actions des Compagnies, les vaisseaux et toute espèce de marchandises, ayant une sphère étendue et générale, appartiennent, au contraire, à tout le monde, qui, sous ce rapport, forme un total dont toutes les autres sociétés ou Etats sont les membres. Le peuple qui possède le plus, relativement, de ces propriétés mobiliaires, est le plus riche, puisqu'il se présente avec les fonds les plus considérables, ou pour m'expliquer plus clairement, avec le plus grand nombre d'actions, dans la grande société du commerce général.

§. XII.

Un Etat qui ne possède que peu ou point de ces richesses mobiliaires, doit se trouver hors de tout commerce avec les autres Etats, ou il doit vivre sans liberté; car le but de toute espèce de commerce étant de multiplier les agrémens et les commodités des hommes, de leur rendre utiles

les choses superflues, de leur faire un besoin des choses utiles, il s'ensuit qu'un peuple, qui vivait jusqu'alors des seules productions de son sol, mais qui a reçu subitement un plus grand nombre de besoins, ne peut pas posséder un superflu suffisant, pour se mettre au niveau des autres nations, relativement au luxe, sans s'appauvrir de plus en plus par une épargne forcée.

§. XIII.

Mais, comme on ne reçoit de marchandises dans le commerce, qu'en raison de ses moyens pour les payer, il faut qu'un tel Etat s'enfonce progressivement dans une plus grande misère, et ses habitans ne seront jamais que les mercenaires pauvres et misérables des autres nations.

§. XIV.

Il n'est donc pas permis à un Etat semblable de faire aucun commerce avec les autres nations; par conséquent il ne peut jamais sortir de l'état d'enfance, et quitter une condition sauvage, il reste sans arts, sans luxe; il faut qu'il se contente des productions simples de son sol, ou bien la plupart des habitans est condamnée à l'esclavage, ne gagnant que ce qui suffit à peine aux premiers besoins, pour satisfaire au luxe du petit nombre qui le gouverne. Toutes les descriptions des voyageurs autour du monde, démontrent unanimement que les Etats qui existent sans commerce maritime, sont ou barbares ou esclaves.

§. XV.

Les Etats, au contraire, qui paraissent petits et insignifians, deviennent grands et importans par le commerce maritime. Le *Portugal* est un des petits Etats de l'Europe, mais il devint très-important par sa marine; il envoya ses vaisseaux d'un pôle à l'autre, de l'Orient à l'Occident, il domina sur les mers, il découvrit un nouveau monde, et il fut le premier des Etats européens qui dicta des lois à toutes les autres parties du monde, à l'Asie, à l'Afrique et à l'Amérique en même tems.

§. XVI.

La Hollande nous en offre un exemple plus récent. L'Angleterre se fait craindre de toutes les nations de l'Europe, même de celles qui sont bien plus puissantes. Elle est redevable de toute sa grandeur au célèbre acte de navigation, du 23 septembre 1660, qui est encore, de notre tems, regardé par les Anglais comme le palladium de leur puissance; il est rédigé avec une telle sagesse, il a eu une influence si avantageuse sur la création et l'accroissement de la marine et du commerce maritime de ce peuple, que toutes les autres nations peuvent se le proposer pour modèle.

CHAPITRE III.

Le Portugal ne peut entretenir une grande force maritime, ni pour la guerre ni pour le commerce, sans s'appliquer spécialement à la pêche.

PARAGRAPHE PREMIER.

Les rivières navigables, ainsi que les excellens ports de mer, sont inutiles là où il n'y a pas assez de marine. Le métier de matelot est pénible et difficile à apprendre; il demande de la jeunesse, de la force et de l'agilité. Il est facile de trouver des recrues pour le service militaire sur terre, mais il n'en est pas de même pour le service maritime, surtout dans les pays où la plupart des habitans n'a jamais vu la mer; mais, au contraire, dans les pays qui sont situés près de la mer, ou qui ont une grande étendue de côtes, la nature a déja inspiré aux habitans un certain penchant pour cet élément qu'ils s'accoutument à braver dès leur jeunesse.

§. I I.

Le fils habitué à accompagner son père à la pêche, s'accoutume en peu de tems à mépriser les dangers de la mer. Il apprend, pour ainsi dire, en jouant, la manœuvre, et il se hazarde bientôt à faire des voyages plus éloignés, jusqu'à ce qu'il apprenne enfin, et même sans de grandes difficultés, à devenir un matelot habile. Il est donc nécessaire de favoriser la pêche par tous les moyens possibles.

§. I I I.

La résolution courageuse de croiser la mer, et de naviguer d'un pôle à l'autre, ne fut pas l'ouvrage d'un jour. Il fallut faire plusieurs essais, recueillir bien des observations, avant que les hommes fussent assez instruits pour oser se fier à cet élément inconstant et redoutable. Ce fut sans doute la pêche qui dicta les premières règles. Cette branche précieuse des occupations humaines, conserve encore ses droits sur la navigation. La pêche fut toujours l'école où se formèrent les matelots.

§. IV.

Le créateur de la nature a peuplé la mer d'une infinité de poissons, dont les innombrables espèces diffèrent, quant à leur goût, dans toutes les contrées et presque sur toutes les côtes. La mer du Nord, celle du Sud, la Méditerranée, la Baltique, l'Atlantique, ont chacune ses poissons qui diffèrent entr'eux sur les diverses côtes de la même mer. Mais, comme les desirs et les goûts des consommateurs sont extrêmement multipliés, chacun cherche à se procurer de préférence telle ou telle espèce de poisson; d'abord parce qu'elle flatte son goût, ou qu'elle est meilleur marché, ou enfin parce qu'elle se conserve plus longtems que les autres, et est par conséquent plus propre à l'approvisionnement d'une longue traversée.

§. V.

Ainsi les Hollandais gagnent annuellement, par la pêche du hareng, plusieurs millions de florins, et les Anglais plusieurs millions de livres sterling par celle de la morue. C'est à la pêche seule qu'ils sont redevables de leurs matelots, de leur marine, de leur commerce et de leurs richesses. Il est donc bien nécessaire de faciliter aux habitans du voisinage de la mer les moyens de tirer parti de leur position.

§. VI.

Une nation qui n'a pas une pêche considérable, ne peut entretenir une grande marine, et par conséquent ne peut pas faire un grand commerce maritime. La plupart des puissances maritimes ont des pêches nationales, c'est-à-dire, de certaines branches de commerce exclusives, qui leur servent d'écoles pour leur marine; telle est la pêche du hareng près des îles Orcades et sur les côtes de la Norvège ; celle de la morue à Terre-Neuve, celle de la baleine au Groënland, et celle du loup marin au détroit de Davis.

§. VII.

Le transport du charbon de terre de l'Ecosse en Angleterre, a fait d'excellens matelots. Le grand, l'intrépide *Cook* qui fait tant d'honneur à sa nation, se vantait d'avoir fait ses premières études à bord d'un vaisseau charbonnier (1). Ainsi dans d'autres pays le cabotage, ou la navigation sur les côtes, a eu une influence utile et considérable sur la marine, et les nations qui la font sont tellement convaincues de son importance, que, pour la conserver, elles ont souvent soutenu des guerres très-pénibles.

§. VIII.

Tant que les Carthaginois furent les premiers pêcheurs, ils furent aussi les premiers commerçans (2), et disputèrent l'empire de la mer à l'orgueilleuse Rome. On voit, par le

---

(1) Voyage dans l'Hémisphère austral, depuis 1772 jusqu'en 1775. Introd. génér. tom. I, pag. 44 : par *Jacq. Cook.*

(2) Justin, Liv. 43, Chap. 5.

traité qui mit fin à la première guerre punique, que Carthage s'occupa surtout à conserver son empire sur mer, et Rome, au contraire, sa prépondérance sur terre. Dans les négociations avec les Romains, *Hannon* déclara que les Carthaginois ne souffriraient pas que les Romains se montrassent sur les mers de Sicile (1); ils ne leur permirent la navigation que jusqu'à certains promontoires, et ils leur interdirent tout commerce en Sicile, en Sardaigne et en Afrique, excepté à Carthage (2).

§. IX.

A peine les Massiliens eurent-ils fait des progrès dans la pêche, qu'ils en firent également dans le commerce, et prétendirent même rivaliser avec Carthage. Mais ils virent bientôt que toutes leurs forces ne suffiraient pas pour tenir tête à un ennemi aussi puissant. Ils s'allièrent donc avec les Romains qui employèrent toutes leurs for-

---

(1) Tite Live, Supplém. Déc. 2, Liv. 6.

(2) Polybe, Liv. 3.

ces de terre et de mer pour combattre leurs rivaux, et les subjuguèrent enfin. Si les Romains n'eussent pas eu le secours de la marine de leurs alliés, toute faible qu'elle était, ils auraient sûrement été forcés de souscrire à des conditions plus dures dans leur traité avec leurs ennemis.

CHAPITRE

CHAPITRE IV.

La pêche est le meilleur moyen de civiliser les sauvages du Brésil, particulièrement ceux qui habitent les bords des grands fleuves, ou les côtes maritimes.

PARAGRAPHE PREMIER.

Les auteurs, qui de leur cabinet s'imaginent dicter des lois au monde, sans connaître à fond les peuples dont ils parlent, les mœurs ni leurs passions, prétendent qu'on doit éveiller l'ambition chez les Indiens de l'Amérique pour établir chez eux des relations commerciales avec les autres peuples. Cette supposition, que les sauvages sont sans ambition, est dénuée de fondement. Ils ont des vertus et des vices, ils sont, comme nous, sujets à l'ambition, si l'on comprend par ce mot la passion de la gloire et de l'honneur, ou un desir excessif des biens terrestres. Ce sont des hommes comme nous, c'est tout dire.

§ I I.

Quant à l'ambition de posséder, les Indiens ont très-peu de besoins; mais tout ce qui a quelque attrait pour eux, comme des outils, de la verrerie, et d'autres bagatelles qui font leur luxe, ils s'empressent avec le même soin de se le procurer que les peuples policés. Il suit de là que le germe des passions et de l'ambition leur est commun avec nous. Ce germe n'a besoin que d'être échauffé pour se développer.

§. I I I.

Pour civiliser les Indiens du Brésil, on a fait plusieurs essais, mais aucun n'a réussi jusqu'à présent, parce qu'on ne connaissait pas assez ces peuples. Le plus heureux de ces essais a été de changer leurs chétifs villages en villes, de leur laisser choisir leurs magistrats parmi eux, pour leur donner le moyen de se gouverner eux-mêmes. On voulait employer avec eux le même moyen qu'avec tous les peuples policés; mais l'art de bien gouverner, est le plus difficile, et les hommes ne l'ont pas encore deviné.

§. IV.

L'Indien, né dans une liberté absolue, dans une indépendance complète, et sans autre besoin que ceux auxquels ses bras suffisent pour se satisfaire promptement, regarde tous les hommes comme lui (1). Il s'habitue difficilement aux idées de soumission; aussi n'a-t-il pas non plus le courage de

(1) Lery, chap. XVII. *Ad politiam barbarorum quod spectat, vix credibile est quam pulchre inter eos solâ naturæ luce ductos conveniat. Nec referri istud potest nisi summo eorum pudore, qui divinis et humanis sunt instructi legibus. Si quæ tamen contentio inter quosdam apud eos exoriatur, (quod rarissime accidit) spectatores litem componere minime curant, sed eos pro libidine agere, oculos licet sibi mutuo sint confossuri, sinunt. At si alter alteri vulnus inflixerit, comprehendique possit, vulnus ei eadem in corporis parte ab vulnerati cognatis infligitur. Immo si forte vulnus mors consequatur, ab mortui cognatis de medio tollitur homicida. Denique, vitam pro vitâ, oculum pro oculo, dentem pro dente rependunt.*

commander aux autres. — La nature nous dit qu'elle ne fait aucun de ses ouvrages, pour ainsi dire, d'un seul jet, mais qu'elle produit des merveilles, par des opérations graduelles et presque insensibles.

§. V.

Un autre moyen qu'on a employé pour arriver à ce but, semble encore moins propre que celui dont nous venons de parler. On donna à un canton de ces Indiens dispersés, un soi-disant directeur, mais qui ne leur était d'aucune utilité; car, au lieu de confier leur civilisation à un philosophe sage, prudent et pénétrant, on a choisi souvent un homme ignorant et inepte, qui ne cherchait qu'à profiter des travaux de ces malheureux Indiens, les traitait en despote et les faisait travailler comme des esclaves.

§. VI.

Les plus habiles même des instituteurs qu'on leur a donnés n'agirent pas mieux. Ils commencèrent d'abord à les instruire dans les arts et les sciences des peuples policés; mais, comme ni les fils, ni les pères n'en pouvaient concevoir le but ni l'utilité, comme ils ne voyaient dans leur sphère aucun de ces objets propres à éveiller le desir de s'instruire, leur aversion augmenta de jour en jour, comme il arrive toujours à tout novice qui n'est pas dirigé par une main sage et habile.

§. VII.

Ces Indiens reconnaissant combien ils vivaient contens et heureux, sans ces sciences et ces arts, qu'ils regardaient comme une folie et une extravagance des peuples policés, ou même comme un supplice qu'on avait inventé pour les subjuguer et les tourmenter, communiquèrent cette conviction à leurs enfans en les encourageant à mépriser et à négliger cette instruction.

§. VIII.

Il s'en trouve cependant quelques-uns parmi eux, qui se montrent plus habiles et plus propres à l'instruction, mais cela ne prouve autre chose, sinon qu'ils sont naturellement capables de recevoir une bonne éducation, mais non que la méthode qu'on a suivie jusqu'à présent soit la meilleure. L'état d'enfance dans lequel se trouvent ces peuples depuis deux siècles, prouve ce que nous avançons.

§. IX.

L'instituteur toujours en opposition avec la répugnance des pères et des fils pour s'instruire, doit nécessairement sentir son zèle se refroidir et perdre cette activité qui lui faisait espérer d'abord d'arriver à son but. Le tendre amour de la mère, et la persévérance du père sont le feu sacré que la nature seule peut allumer, qu'elle seule sait entretenir pour le bonheur et la prospérité des enfans. On doit donc nécessairement commencer par l'éducation des parens.

§. X.

L'homme est esclave de ses besoins et de ses passions. Leur nombre est plus ou moins grand en proportion des idées qu'il a reçues, soit des objets qui l'entourent, soit de l'éducation. Parmi ces passions, il y en a toujours une qui surpasse les autres en force et en violence, et c'est celle-ci qui forme le caractère particulier de l'individu comme d'une nation.

§. XI.

Tout l'art de mettre l'esprit de chaque individu en activité, consiste à deviner cette passion forte et dominante; celle-ci une fois trouvée, le mystère est dévoilé, et le vrai levier de son mouvement découvert; celui qui est doué d'un coup-d'œil vif et pénétrant, d'un tact fin et délicat pour distinguer les passions des hommes, peut indubitablement leur faire franchir les plus grandes difficultés. Forcez un homme, ou tout autre animal avec violence à faire telle ou telle chose, ils s'y opposeront toujours; mais, en les menant au but proposé par leurs passions, ils obéiront volontiers et patiemment, ils se présenteront d'eux-mêmes à leur conducteur, et ne craindront rien, pas même les horreurs de la mort.

§. XII.

Le sauvage est, pour ainsi dire, un amphibie parmi les hommes, il semble être né pour l'eau (1). Il a déja naturellement, partie par besoin, partie par penchant, une prédilection pour la pêche. C'est sa passion dominante, et par conséquent le vrai mobile de son activité. Il faut donc qu'on dirige le mouvement de la machine de ce côté pour son propre avantage, et pour celui de la société.

§. XIII.

Malgré son penchant pour la pêche, l'Indien a pourtant de grandes difficultés à surmonter pour satisfaire cette passion. La

---

(1) Lery, chap. XI. *Notandum est, non modo viros et mulieres, sed etiam puerulos natandi peritissimos esse. Illi prædam natando more canum barbatulorum, in mediis petunt aquis; hi simulac ambulare didicerunt, in flumina marisque litus se conjiciunt, atque anatum more huc illuc oberrant. Cæteri vero, qui instar piscium placidimine natabant, eos suum marinorum more flantes videbamus.*

manœuvre dangereuse et lente dont il se sert pour faire la pêche qui résulte du défaut d'industrie (1), l'éloigne même de son but, et souvent il est forcé de se contenter d'une proie si chétive, qu'à peine elle suffit pour assouvir sa faim.

§. XIV.

Mais, s'il voit avec quelle facilité l'industrie humaine sait préparer des filets, tendre des lacs et prendre d'un seul coup des milliers de poissons, ce spectacle extraordinaire que son entendement brut conçoit au premier coup-d'œil, le remplira de joie et d'enthousiasme; sans être provoqué, il s'empressera de travailler à cette riche moisson, et il s'offrira de son propre mouvement à y participer (2).

---

(1) Lery, chap. XI. *Barbari eos (pisces) ubi vident, telis petunt ac non nunquam tam certâ manu, ut duos tresve uno jactu figant. Transfixos natantes quæsitum eunt barbari, ut qui mergi nequeant, prisco etiam suo more spinas in hamorum modum componunt, lineamque herba quadam, quam illi tucum vocant, conficiunt, quibus piscantur.*

(2) Lery, chap. XI. *Barbari nostri (Brasilienses) non*

§. XV.

L'ardeur de cette passion l'attirera imperceptiblement de plus en plus, l'excitera à vivre en société avec des gens qui suivent une occupation si extraordinaire et si précieuse pour lui. En vivant dans leur société, il s'apercevra de la différence entre les hommes policés et les sauvages, il abandonnera peu à peu sa férocité, et il apprendra à reconnaître que la civilisation produit beaucoup de commodités.

§. XVI.

Aussitôt qu'il saura que le superflu qu'il a abandonné jusqu'ici aux oiseaux de proie et aux animaux féroces, peut être conservé par le moyen du sel, et qu'il peut lui procurer des commodités sans nombre, sa passion s'accroîtra et l'encouragera dans la même proportion à augmenter son indus-

---

modo mire delectabantur retium nostrorum, quibus piscabamur, conspectu, sed et ipsi nos adjuvabant : atque adeo, si per nos licebat, periti ipsi piscabantur.

trie; il ne voudra plus rester matelot, il voudra devenir maître d'un vaisseau.

§. XVII.

Maintenant il voudra savoir à combien se montent les frais et le profit de chaque ouvrier sur la rade. Par conséquent il sentira la nécessité d'apprendre le calcul, pour connaître au plus juste la répartition. Ses relations augmenteront en raison de l'accroissement de son commerce, non-seulement avec ceux qui l'environnent, mais encore avec les absens. Delà il reconnaîtra le besoin d'apprendre à lire et à écrire, et s'il n'en est plus capable, du moins il encouragera ses enfans à se procurer cet avantage.

Ainsi la chemise, le chapeau, l'habit, les souliers et les autres habillemens, qu'il regardait comme des choses superflues, qu'il méprisait même, comme des obstacles qui l'empêchaient de pénétrer dans les bois et les broussailles, lui deviendront utiles et même nécessaires. Il ne faut pas même que les parens prouvent à leurs enfans la nécessité de toutes ces choses, il suffit qu'ils les voient chez eux.

§. XVIII.

Cette multiplicité de besoins et d'aisances les accoutumera peu à peu à l'obéissance et à l'ordre, au point d'adopter enfin d'eux-mêmes les idées de ceux qui ont inutilement travaillé jusqu'alors à les former. L'expérience les convaincra que la conservation de l'individu et les agrémens de la vie ne peuvent s'allier avec une liberté absolue ; ils reconnaîtront qu'on doit nécessairement sacrifier une partie de cette liberté absolue, pour jouir d'une autre liberté bien plus avantageuse sous beaucoup d'autres rapports.

§. XIX.

De ces peuples civilisés par la pêche, sortiront des matelots propres au cabotage, et au commerce respectif avec d'autres colonies. Ce petit commerce maritime produira des marins habiles et intrépides qui braveront les fatigues les plus dures, et c'est d'eux que se formera alors une marine choisie.

§. XX.

Les Indiens du Brésil sont principalement propres à tous les arts d'imitation, comme par exemple, aux manufactures et à tout ce qui demande une promptitude singulière, et de la force (1); mais ils semblent avoir une aversion insurmontable pour l'agriculture et un travail suivi. La nature les a pourvus libéralement de tout ce dont ils ont besoin, et le désœuvrement qui est attaché à l'agriculture depuis les semailles jusqu'à la récolte, les rendra fainéans et paresseux.

---

(1) Les Indiens sont principalement habiles à fendre du bois, et ils ont une adresse extraordinaire à abattre de grands arbres, de manière qu'aucun morceau de bois ne tombe sur eux, comme cela arrive souvent aux nègres qui généralement sont bien éloignés de l'agilité et de l'attention des Indiens, et par conséquent exposés à de plus grands dangers dans l'abatage que ceux-ci.

§. XXI.

Ils n'ont pas la patience d'attendre, ils veulent moissonner, le soir, les fruits de leur travail de la journée. Ainsi la pêche et la marine deviendront pour eux une manufacture immense (1); outre les matelots et les pilotes habiles, il se formera encore chez eux beaucoup d'artisans nécessaires au service de la marine, comme des charpentiers, des forgerons, etc. etc. Ainsi cet Indien sauvage qui n'a jamais changé d'habitation, traversera bientôt les mers; il bénira la main bienfaisante qui l'a retiré de l'indigence, et uniquement par le moyen du sel, l'a fait pêcheur, matelot, maître de vaisseau, pi-

---

(1) Il est vrai que quelques Indiens de l'intérieur du pays ne sont pas si habiles nageurs que les habitans des côtes et des rives des grands fleuves; mais ils sont d'autant meilleurs chasseurs, et possèdent une adresse singulière à la préparation du gibier. Ils rendent aux autres les plus grands services, en réunissant et conduisant le bétail aux villes ainsi qu'aux manufactures pour la préparation de la viande séchée et salée.

lote, artisan, marchand, en un mot, qui l'a rendu citoyen et membre de la société.

§. XXII.

Les Nègres qui sont naturellement plus propres à un travail assidu aux ardeurs du soleil que sur les eaux, et qu'on employait à la marine, accroîtront prodigieusement les productions de la terre, si on les emploie à l'agriculture (1); l'exportation de ces productions augmentées par ce moyen, exigerait un plus grand nombre de vaisseaux.

§. XXIII.

L'agriculture, la pêche et la marine en s'entraidant de cette manière, élèveront le Portugal à une grande prospérité et à une richesse étonnante. En supposant même que la pêche ni la marine ne fussent d'au-

(1) Il serait même utile de mettre un impôt sur chaque Nègre pêcheur ou matelot, et de promettre au contraire une récompense à tout propriétaire d'un filet ou d'un vaisseau, dont tous les matelots seraient Indiens nés.

cune utilité pour le Portugal, elles mériteraient encore de la protection, étant des moyens d'occuper utilement des milliers de bras, qui sans cela seraient tout-à-fait perdus pour la société.

CHAPITRE

CHAPITRE V.

Les Sauvages du Brésil peuvent très-bien être employés, non-seulement dans la marine marchande, mais encore dans la marine militaire.

PARAGRAPHE PREMIER.

JUSQU'ICI nous avons démontré que les Indiens du Brésil sont déja naturellement propres au service maritime ; mais, comme *Montesquieu* et les partisans de son systême sur les climats, ont posé la règle générale, que les habitans des pays chauds sont naturellement faibles et lâches, et que, par conséquent, les Indiens sous la zône torride sont inhabiles à la marine, et particulièrement à la guerre navale, je me vois obligé d'examiner les principes sur lesquels se fonde cette opinion si générale, et desquels on a cherché à tirer des conséquences, qui sont non-seulement bisarres en elles-mêmes, mais aussi injurieuses aux nations orientales et même aux habitans du midi de l'Europe (1).

§. II.

Montesquieu prétend que les habitans des pays chauds sont lâches, faibles et craintifs, et même dépourvus d'une certaine force naturelle de l'esprit (2) : car, dit-il, leurs fibres sont faibles; et il en tire la preuve, de ce qu'un homme transporté dans un lieu chaud et bien clos, y devient las, abattu et craintif. C'est dans ce seul argument, que consiste toute la force d'un raisonnement sur lequel *Montesquieu* et ses partisans fondèrent ce système, par lequel ils prétendent dicter des lois à toutes les nations, prescrire des religions à tous les hommes, et prononcer sur la force et la vaillance de chaque peuple. Il paraît pres-

(1) *Esprit dès Lois*. liv. 14, art. 2 et 14.

(2) *Montesquieu* avait sans doute oublié que les arts, les sciences, et principalement la géométrie et l'astronomie doivent leur origine aux habitans des pays chauds.

qu'incroyable que des hommes sensés puissent concevoir une telle extravagnce (1).

§. I I I.

Montesquieu et ses partisans donnent dans une erreur plus grande que ceux qui prétendent que la zône torride est inhabitable ; car ces anciens philosophes supposaient que cette zône est toujours ardente, et qu'il ne s'y élève jamais le moindre vent, même lorsque la chaleur y est au plus haut degré; ils étaient donc obligés, pour ne pas se contredire eux-mêmes, de prétendre qu'il est impossible de vivre sous un climat pendant la plus grande partie de l'année; mais actuellement que l'on est instruit que ces pays sont effectivement habités, et qu'on sait, à n'en pouvoir douter, que les habitans y parviennent à un âge très-avancé, de quatre-vingt-dix à cent ans, et même au delà (2), je ne puis concevoir

(1) *Esprit des lois*, liv. XIV, art. 3, 5, 22, 23, liv. XIX, art. 13.

(2) Lery. Hist. navig. in Bras. chapitre 7. *Ii corpus nec prodigiosum nec monstrosum habent, sed*

comment leur machine animale peut résister aussi longtems, (en supposant qu'ils se trouvent effectivement dans cet état de faiblesse, décrit par *Montesquieu*) que celle des habitans de la zône tempérée.

Ces assertions suffisent déja pour prouver que *Montesquieu* et les apologistes de son systême ne se sont jamais trouvés sous la zône torride, et qu'ils prononcèrent sur des objets dont ils n'avaient pas eux-mêmes de notions claires (1).

---

nostro qui in Europâ vivimus persimile, quod ad staturam spectat. Sunt quidem fortiores, robustiores, saniores et minus obnoxii morbis. Pauci apud eos sunt claudi, pauci altero privati oculo, deformes fere nulli, licet etiam centesimum et vigesimum ætatis annum sæpe attingunt, pauci tamen canescunt. Id verò regionis illius temperiem indicat, quæ cum nullis frigoribus aut pruinis torreatur, virides herbas agros et arbores semper habet; ipsi quoque, molestiis ac curis omnino vacui, juventutis in fonte labra vigasse videntur.

(1) *Montesquieu* avait bien voyagé en Allemagne, en Hollande, en Angleterre, en Italie, mais il n'avait jamais franchi les Pyrénées. Tout ce qu'il dit sur l'influence des différentes zônes, il l'a copié *de la Methode d'étudier l'histoire, de Bo-*

§. IV.

D'ailleurs *Montesquieu* ne démontre nullement :

1°. Que les degrés de la chaleur atmosphérique, dans les pays chauds, et même sous la zône torride, soient les mêmes que ceux de la chambre échauffée; ce qu'il pose pourtant comme principe, pour en tirer ses conséquences;

2°. Qu'un certain degré de chaleur dans l'atmosphère, produit le même effet que celui d'une chambre close. Mais, en supposant que l'effet de l'un et de l'autre soient précisément le même, il faudrait encore faire la supposition insensée, que le créateur du monde n'ait pu créer des fibres que pour les pays froids et tempérés et non pas pour les pays chauds.

Laissons *Montesquieu* et ses partisans s'amuser avec des hypothèses tant qu'il leur plaira, et déduisons la nature de ces Indiens de leur histoire même.

---

din, et du Traité de la Sagesse, de Charron; quoiqu'il cite d'autres auteurs dans son ouvrage, il ne fait aucune mention de ceux-ci.

§. V.

En examinant l'histoire des Indiens sous la zône torride, on trouvera, (je ne parle ici que de ces sauvages qui ont conservé leur caractère primitif,) que, malgré la grande inégalité des armes, il ne reculèrent jamais. Jamais ils ne se sont laissés vaincre par un ennemi faible et sans courage (1); il n'était aisé de remporter sur eux des victoires, que parce qu'ils n'avaient aucune connaissance d'une manière de faire la

---

(1) Jo. Stadius. Hist. Brasil part. 1 chap. 19 et 42. Lery. Hist. navigat. in Brasil, chap. 13. *Ad manus autem ubi ventum est, longe in pejus res ruere : tanta enim sagittarum nubes est utrinque emissa, ut muscas volantes multitudine imitarentur. Saucii verò non pauci, strenue tela e corpore avellebant, quæ rabidorum more canum mordebant. Hæc enim gens adeo fera est et truculenta, ut tantis per dum virium vel tantillum restat, continuò dimicent, fugamque nunquam capessant. Quod a naturâ illis inditum esse reor; etenim a nobili quodam accepi viro gallo qui militiam colit, bellorum civilium nostrorum tempore, in legionibus gallicis americanos milites duos fuisse qui strenue et fortiter se gerebant, quapropter a centurionibus plurimi fiebant.*

guerre, qui leur était tout-à-fait nouvelle, et par la discorde qu'on savait semer parmi eux.

§. VI.

La conquête de la province de St. Vincent dans le Brésil, nous la devons au seul fameux *Tébireza* (1), celle de Baja, au vaillant *Tabira* (2), celle de Fernanbouc au courageux *Stagiba* (dont le nom, en langue indienne, signifie Bras de fer) et au grand *Piragiba*, qui fut récompensé de son zèle à défendre les Portugais, par un habit et une tente de Jésus (3). La conquête de Para et Marahao est due au fameux *Tomagia* (4) et à d'autres qui servaient dans l'armée des Portugais contre les Hollandais, et aussi à l'invincible *Camarao*, qui s'est immortalisé à la reprise de Fernanbouc dans la guerre contre les Hollandais (5).

---

(1) *Vasconcellos*, *Hist. du Brésil. liv.* 3 *p.* 101, à 357.

(2) *Ibid. liv.* 1 *p.* 101, 102.

(3) *Vasconcellos. Hist. du Brésil*, *liv.* 1, *n*°. 103.

(4) *Berrid. Annaès histor. do Estado do Maranhao*, *liv.* 6, *n.*° 534.

(5) *Rafael de Jésus Castriot Lusitan*, *part.* 1 *liv.* 3,

§. VII.

Les conquérans du Mexique et du Pérou se sont servi du même stratagême. *Cortès* ne serait sûrement pas devenu si célèbre dans l'histoire, si les vaillans Indiens de Tlascala, les ennemis jurés des Mexicains, n'eussent épousé ses intérêts (1).

§. VIII.

L'homme se ressemble dans toutes les parties du monde; il est naturellement ambitieux et avide de gloire ; la nature en lui inspirant ce penchant, en a fait un des plus puissans véhicules de ses actions. L'idée de l'honneur est seulement dans l'imagination ; tous y aspirent, mais tous ne le regardent pas du même œil. Ce qui paraît à l'un ignoble et bas, paraît à l'autre grand et noble. L'homme sauvage et non civilisé

---

n.° 12, 53, 54, 122, 123, 127. *Pitta. America. Portug. liv.* 5, *n.*° 94, 95.

(1) *Herrera. Hist. génér. des Indes occid. décade* 3, *liv.* 1, *chap.* 19, 20, 21.

Solis. Hist. de la conquesta del Mexico, *liv.* 4 . *chap.* 11, *liv.* 5, *chap.* 12, 18.

tient en honneur la tyrannie et la férocité; l'homme délicat et policé, au contraire, la générosité et l'humanité.

§. IX.

Les Indiens du Brésil estiment principalement la force du corps et la férocité; c'est là leur point d'honneur, c'est là l'idole qu'ils révèrent avec un culte religieux; au moment même d'être égorgés et devorés par leurs ennemis, ils les insultent et leur expriment leur mépris par des propos injurieux; ils cherchent à prouver, par ces bravades, qu'on peut bien leur ôter la vie, mais non pas leur courage et leur vaillance. Ils meurent en héros (1).

---

(1) Stadius, part. 2, chap. 29. Lery, chap. 14. *At verò nunc putas propterea eum caput dimittere, ut solent hic sontes; minimè vero id quidem! Quin contra incredibili audacia res suas gestas apud eos, a quibus constrictus delinetur, enumeret his verbis : Ego, ipsi fortissimus, sic vestros olim cognatos vinxi. Tum se laudibus magis ac magis evehens, modo in hanc, modo in illam conversus partem, aliam quidem ita compellat : Heus! tu, patrem tuum ego voravi; alium vero, ô bone! fratres tuos mactavi et boncanavi, tot denique*

§. X.

Les habitans des contrées d'*Ouctacaze* (1), une des provinces les plus riches et les plus fertiles du gouvernement de Rio-Janeiro (2).

---

viros, fœminas puerulosque ex vobis Taconpinaubaultiis, bella a me captos devoravi, ut numerum assequi non possim. Ceterum ne ignorate populares meas margajates, tot in posterum mactaturos esse, quot e vobis intercipere poterunt, atque ita mortem ulciscentur meam.

(1) Cette province, extrêmement fertile, était encore, dans l'année 1748, presqu'entièrement déserte à cause des troubles et des divisions des habitans, relativement au droit de possession, auquel quelques-uns prétendaient, en vertu de la donation qui leur avait été faite de ces provinces. Comme ces troubles, entre les naturels du pays, allaient toujours croissant, mon père, *Sébastien Da Cunha Coutinho Rangel*, présenta, en 1750, les vœux de ces naturels au roi *Joseph* qui régnait alors; savoir : de relever à l'avenir directement du roi, et non pas comme cela s'était pratiqué jusqu'alors, de ceux à qui on avait fait la donation de ces pays. Le roi leur accorda non-seulement leur demande, mais encore un pardon général à tous ceux qui avaient participé à ces troubles.

(2) *Vasconcellos, liv.* 1. *Das noticias antecedent das coizas de Brasil*, n°. 49. On pourrait nommer

sont si vaillans, qu'ils préfèrent la mort à la honte d'être vaincus. Il leur est impossible de vivre un seul moment dans l'esclavage; aucune nation Brésilienne, ni même Européenne, ne peut se vanter de les avoir vaincus. Ils vivent encore aujourd'hui dans la liberté et l'indépendance (1).

§. XI.

Tel est le caractère de ces hommes, que

---

les contrées d'*Ouctacaze* à cause de leur magnificence et de leur fertilité, *les Champs-Elisées.*

(1) Lery, chap. 5. *Planctum sumus conspicati amplitudinem trigenta miliarium : hanc incolunt Ouctacates, homines adeo feri, ut neque pacem inter se colant, et cum finitimis omnibus advenisque bellum gerant. Cum vero ab hostibus procreantur, a quibus tamen nunquam jugum accepere, mira pernicitate morti se eripiunt. Denique efferate Ouctacates inter occidentalis Indiæ populos immanitate ac sævitia insignes meritó esse videntur. Ceterum, quod nullum cum Gallis, Hispanis Lusitanisque commercium habeant, aliisque transmarinis, carent nostris mercibus. Et* au chap. 15— *Populi (Ouctacates) sunt non multum ab eis (Tononpinambaulticis) remoti, quibuscum inimicitias perpetuas gerunt, quos etiam superare non nunquam potuerunt.* Vasconcellos, liv. 1, n.° 125.

les partisans décidés du fameux *Montesquieu*, appellent faibles et timides. Il faut qu'ils n'aient aucune connaissance de l'histoire de ces Indiens, qu'ils n'en aient jamais lu la moindre partie pour donner dans des erreurs aussi grossières. On n'a qu'à jeter un regard sur l'ordre excellent et la perfection qu'on aperçoit dans la nature entière , pour se convaincre, qu'un homme né sous le ciel le plus ardent , doit nécessairement avoir autant de force et de vivacité sous son climat, que celui qui est né près des pôles en a sous le sien. Si le climat pouvait cependant produire quelque différence, elle serait, sans contredit, toute à l'avantage des pays chauds.

§. XII.

Car, si le courage n'est autre chose que cet enthousiasme, ce feu ardent qui élève les hommes au dessus d'eux-mêmes et leur inspire l'héroïsme, il faut nécessairement, dans des circonstances d'ailleurs égales, que l'homme né sous la zône torride, soit doué d'un plus haut degré d'énergie , que celui qui est né près des pôles, puisque son cœur, comme *Montesquieu* en convient lui-même, l'enflamme très-facilement (1).

§. XIII.

Laissons maintenant les hypothèses qui sont sans force contre les preuves évidentes, et comparons les habitans des pays froids avec ceux des pays chauds, tous deux dans leur état primitif, avant que celui-ci ait été changé par l'éducation ou par le luxe; nous trouverons que la différence devient encore plus frappante. En mettant, par exemple, un Indien *d'Ouctacaze*, né sous la zône torride, à côté d'un Esquimaux, né sous la zône glaciale du nord de l'Amérique, sur les rives du fleuve St. Laurent, combien celui-là paraît belliqueux et invincible, fort

(1) *Esprit des lois*, liv. 14, art. 3. La nature leur a donné (aux peuples des pays chauds) une imagination si vive, que tout les frappe à l'excès. Cette même délicatesse d'organes qui leur fait craindre la mort, sert aussi à leur faire redouter mille choses plus que la mort; c'est la même sensibilité qui leur fait fuir tous les périls, et qui les leur fait tous braver.

et courageux, et combien celui-ci paraît débile, faible et timide!

§. XIV.

Qu'on compare encore un Indien *d'O-wy-hée*, né sous la zône torride, dans une des îles de la mer du Sud avec un autre, né au *Kamtschatka*, pays couvert de neiges éternelles; celui-ci paraît lâche et craintif, mais l'autre reste inébranlable, quoique exposé au feu de l'infanterie et de l'artillerie anglaise, et dévore tranquillement le corps du malheureux *Cook*. Qu'on compare un nègre des rives du Sénégal, né en Afrique sous le climat le plus brûlant, avec un Lapon, né à l'extrémité de l'Europe, sur les côtes de la mer glaciale; quelle différence! celui-là attaque les lions les plus courageux, celui-ci tremble de froid et peut à peine se mouvoir.

§. XV.

Lery et ses compagnons, tous nés sous la zône tempérée, n'étaient pas même capables de tendre un arc des Indiens de Tomoy, habitans de la zône torride, dans les environs de *Rio-Janeiro*. *Lery* convient même qu'il était obligé d'employer toutes ses forces, pour tendre un arc destiné à un enfant de dix ans (1).

Claude Jaunequin, seigneur de Rochefort, qui a visité les côtes de l'Afrique jusqu'au Sénégal, assure que, dans ces pays où les Européens peuvent à peine respirer, les Nègres indigènes les surpassent de beaucoup en force et en courage (2).

§. XVI.

Si nous passons actuellement aux animaux féroces, et si nous comparons la force et le courage d'un tigre ou d'un lion des plaines de Zara, avec les loups et les ours de la Sibérie, on reconnaît bientôt l'immense supériorité des premiers. Considé-

---

(1) Lery, chap. 13. *Arcus insuper habent, quos Orapts nominant, ex eodem ligni genere, rubio nimirum et atro fabricatos, ii longitudine et crassitudine nostros adeo superant, ut eos nec tentare nec adducere ullus nostrum possit. Quin potius immo totis viribus puerorum decem annorum arcubus curandis opus esse.*

(2) Hist. gén. des voy. pag. 263.

rant enfin même les plantes, et comparant la vigueur et la richesse du sidéroxylon (*Par-ferro* ou bois de fer) l'ipę, le guramirim et la sucupira, sur les rives du fleuve des Amazones, avec le chêne, le buis, le châtaignier et le pin sur les rives du Borislhène, combien ceux-ci paraissent faibles, délicats et petits, à l'égard de ceux-là ! La nature qui se montre forte et énergique dans toutes ses productions sous la zône torride, dans les fibres des animaux féroces ainsi que dans celles des plantes, aurait donc fait chez l'homme seul, l'objet principal et le plus admirable de sa création, une exception, en le créant faible et sans énergie. Quelle contradiction !

§. XVII.

Pour donner plus de poids à son assertion, que les habitans des pays froids ont les fibres plus fortes que ceux des pays chauds, *Montesquieu* se rapporte à l'histoire, d'après laquelle les peuples des pays froids subjuguèrent souvent ceux des pays chauds; mais, si l'on n'est pas défenseur passionné de ce systême, si on ne compare pas les forces

naturelles

naturelles de chaque individu en particulier, avec celles d'un peuple réuni en société , on découvrira très-facilement les causes de cet effet.

§. XVIII.

Les habitans d'un pays riche et fertile s'abandonnent aisément aux voluptés, à la débauche et à la fainéantise ; chacun d'entr'eux vit, pour ainsi dire, séparé et indépendant de l'autre. Cette séparation des parties isolées produit nécessairement faiblesse de l'entier.

Mais les habitans d'un pays pauvre et stérile sont presque toujours belliqueux, parce que le besoin qui le presse sans relâche, les met dans la nécessité de chercher, par tous les moyens possibles, de quoi subsister. Cette indigence générale excite un peuple pauvre et luttant contre la faim, à se lier étroitement, à réunir toutes ses forces pour parvenir au même but; à s'entr'aider mutuellement, jusqu'à ce qu'enfin, d'après un plan mûri depuis longtems, il attaque subitement un autre peuple paisible, qui vit dans l'abondance, heureux et sans inquiétude, et le subjugue; mais, à peine ce peuple s'éveille-t-il de son assoupissement, qu'il retrouve son énergie première.

§. XIX.

Les Scythes et les Tartares inondèrent trois fois l'Asie; mais aussi furent-ils repoussés à trois reprises différentes (1). Les peuples du Nord, dont les armes redoutables changèrent la face de tant de grands empires, comptaient, à la vérité, beaucoup d'habitans, mais ils ne possédaient, ni assez de pays pour les nourrir, ni l'industrie nécessaire pour satisfaire à leurs besoins; ils furent donc forcés, par la nécessité, à devenir guerriers et conquérans; ils trouvaient par-tout des ennemis mal retranchés, et qui ne leur opposaient que peu ou point de résistance.

§. XX.

S'ils avaient rencontré de la résistance, comme les Moscovites au commencement du XIme. siècle, ils auraient sûrement

---

(1) Justin, liv. 2.

tourné leurs vues sur le commerce ; mais, dans ces tems reculés, la politique et le commerce n'avaient encore fait aucun progrès ; la barbarie régnait alors parmi les vainqueurs et les vaincus.

§. X X I.

Les Suisses, dont la constitution est si avantageuse à l'accroissement de la population, n'ont pas, par la même raison, une étendue de pays assez considérable, et le plus haut degré d'industrie ne suffit pas pour les nourrir ; mais, en Europe, de telles conquêtes, comme jadis en Asie, n'ont plus lieu ; les Suisses sont par-tout entourés de forteresses ; ils se voient par-là obligés d'entrer au service des autres nations, et de porter les armes pour les intérêts d'autrui, sans la moindre espérance d'agrandir leur pays, ou d'établir de nouvelles colonies ; ils sont même obligés de commercer par des mains étrangères, et de placer leurs fonds dans les banques chez les étrangers.

§. XXII.

En un mot, ce ne sont pas des fibres plus ou moins fortes, ce n'est pas non plus le degré de chaleur de tel ou tel pays, qui déterminent le degré de force et de courage de certains peuples; ce sont l'éducation, les mœurs, le commerce, les lois, l'instruction, même les vices, les erreurs et les opinions, qui décident du sort des empires entiers.

Rome moderne est toujours située sous le même climat où était l'ancienne, et cependant, quelle différence entre la force et la vaillance de celle-là et de celle-ci. Le climat, qui jadis produisait des hommes comme Alexandre et les conquérans de l'Asie, produit à peine aujourd'hui de serviles esclaves du plus puissant despote de la terre.

§. XXIII.

Pour donner encore plus de poids à son assertion que les différens climats ont une influence remarquable sur le bonheur des hommes, *Montesquieu* allègue, que la liberté règne toujours dans les pays froids et l'esclavage dans les pays chauds, parce que dans les uns, la nature a doué les hommes d'un corps fort et robuste, et dans les autres d'un corps faible (1) et languissant selon lui ; par conséquent les républiques et les démocraties sont plus propres aux pays froids, puisqu'elles exigent une liberté plus grande, et les monarchies, au contraire, plus propres aux pays chauds.

§. XXIV.

Pour se convaincre de l'erreur de ces raisonnemens, on n'a pas même besoin de quitter l'Europe. Il est généralement connu que, dans le nord de cette partie du globe, où par conséquent le climat est plus froid, on ne trouve aucune république. Par-tout on y rencontre des monarchies, l'esclavage y est généralement répandu. Les empereurs de Russie font journellement des présens de quelques centaines d'esclaves, et les Moscovites se vendent eux-mêmes (2). Les républiques, au contraire, sont situées dans les pays les plus chauds de l'Europe. La

(1) *Esprit des Lois*, liv. 17, art. 2.
(2) *Esprit des Lois*, liv. 15, art. 6.

Hollande, Venise, Gênes, Lucques, sont sous un climat bien plus chaud que celui de la Russie, de la Suède et de la Norwège; dans les pays méridionaux de l'Europe, à peine y connaît-on le nom d'esclavage.

De même M... déclare la religion protestante plus propre aux républiques, et la religion catholique, au contraire, plus convenable aux monarchies; on voit pourtant que la religion protestante est la dominante dans la plus grande partie des monarchies du Nord, et la religion catholique romaine dans toutes les républiques de l'Italie: il ne faut pas beaucoup de pénétration pour apercevoir les contradictions et les erreurs dans lesquelles cet homme célèbre et les partisans de son systême sur les climats tombent à chaque instant.

§. XXV.

Je vois que, pour avoir combattu aussi amplement une opinion populaire, sur laquelle on n'a besoin que de réfléchir un peu pour entrevoir sa fausseté, je suis devenu ennuyeux; mais, comme les préjugés enracinés, surtout lorsqu'ils sont soutenus par des hommes célèbres doivent non-seulement être combattus, mais totalement détruits, je dois espérer un peu d'indulgence ; d'abord parce que le peuple dont j'embrasse la défense, est celui de ces invincibles Indiens, au milieu desquels je vis, et qui me sont particulièrement connus; ensuite parce que cette opinion, qui nous peint les habitans des pays chauds comme faibles et timides, a servi, jusqu'à présent, toute fausse qu'elle est, de règle générale, et qu'elle est la principale cause qu'on a négligé tous les moyens convenables pour tirer parti de ces bras si forts et en même tems si utiles pour un pays d'une telle étendue, qui est sorti des mains de la nature dans sa plus haute perfection.

CHAPITRE VI.

De l'état actuel des Indiens d'Ouctacaze, les alliés les plus vaillans et les plus fidelles des Portugais.

PARAGRAPHE PREMIER.

Les Indiens d'*Ouctacaze* ont, sans doute, quelques défauts comme tous les peuples du Brésil, mais, en revanche, ils ont des vertus qui peuvent servir de modèles à tous les peuples policés. Ils se distinguent particulièrement par l'amour qu'ils se vouent entr'eux, ainsi qu'aux étrangers leurs amis. Toutes leurs possessions sont en commun : ils se montrent extrêmement reconnaissans et fidelles envers leurs bienfaiteurs pour lesquels ils font souvent le sacrifice de leur vie. J'ai fréquenté assez longtems les Indiens d'*Ouctacaze*, je les connais assez, ainsi que leur fidélité, dont ils n'ont cessé de donner des preuves à ma famille, pour affirmer ce que j'avance d'après ma propre expérience.

§. I I.

Cette nation, autrefois l'ennemie implacable des Portugais et de tous les autres peuples de l'Europe et du Brésil (1), conserve encore à présent son indépendance entière, quoique dans un état d'amitié parfaite avec ses voisins, les habitans des provinces *Campos dos Ouctacazes* et *Minas Geraes*. Les procédés doux et bienveillans, et la fidélité de mes ancêtres envers eux, ont opéré cette réconciliation admirable que la force des armes n'avait jamais pu produire; je possède encore les documens et les traités qui ont été faits sous mes yeux pour cette alliance.

---

(1) Lery, chap. 5. *Ouctacates homines adeo feri, ut neque pacem inter se colant, et cum finitimi omnibus advenisque bellum gerant Cum vero ab hostibus premuntur (a quibus tamen nunquam jugum accepere) mira pernicitate morti se cripiunt... Nullum cum Gallis, Hispanis, Lusitanisque commercium habent aliisque transmarinis.*

§. III.

Domingos Alvares Pesanha, mon grand-père maternel et gouverneur de cette province des *Ouctacazes*, est parvenu à gagner ce peuple invincible, par des bienfaits et des privilèges qu'il n'a cessé de leur accorder, et particulièrement par sa conduite affable et pleine d'attentions.

§. IV.

A peine avait-il serré les nœuds de cette alliance amicale, qu'il leur accorda, pour se les attacher davantage, et les engager à un commerce plus intime avec les Portugais, des habitations à *Santa Cruz* sur la rive orientale de la rivière *Paraiba do Sul*, éloignée de trois lieues de la ville de *San Salvador*, et y fit construire un bâtiment spacieux arrangé à leur goût, et situé près de l'eau, pour se conformer à leur usage de se baigner matin et soir.

§. V.

Ce bâtiment qui leur sert actuellement de magasin, est toujours rempli d'étrangers qui viennent de par-delà les montagnes pour commercer avec les habitans de cette province. Les objets de leur commerce, qui n'est qu'un simple échange de marchandises, consistent principalement en cire et en miel, dont il y a ici une grande abondance, en oiseaux et en quadrupèdes des forêts, et particulièrement en une espèce d'argile, ou terre glaise dont ils font une vaisselle très-forte, et qui résiste au feu le plus violent (1). S'ils n'ont pas assez de marchandises pour les échanger contre des sabres, des outils, du sel, etc. etc., ils abattent des arbres, travail pour lequel ils ont une adresse particulière.

---

(1) Pour s'assurer de la finesse de cette argile, et savoir si elle n'est pas mêlée avec du sable ou d'autres parties hétérogènes, les Indiens ne se contentent pas de la manier avec les doigts, ils la mettent encore entre leurs dents, pour s'assurer si elle est aussi molle et aussi tendre que la cire.

Chacun d'eux travaille précisément autant qu'il est nécessaire pour troquer une marchandise desirée, deux ou trois jours, par exemple, si l'ouvrage qu'il peut terminer pendant ce tems est suffisant pour troquer un sabre dont il a besoin, ou un autre outil, ou du fer, métal le plus précieux de tous pour les Indiens; quant aux habits, il n'en a aucun besoin.

§. VI.

En faisant quelque marché, les Indiens montrent toujours une certaine méfiance, quoiqu'on fasse paraître la plus stricte probité; de sorte qu'ils ne concluent jamais aucun engagement de quelqu'importance, sans l'avis de leurs bienfaiteurs ou de leurs fils, qui en ont toujours agi avec eux de la même manière (1); ils leur donnent si fréquemment des preuves de leur reconnaissance, qu'ils peuvent servir de modèles de cette vertu.

(1) Mais à peine ont-ils la certitude de pouvoir contracter sans danger, qu'ils n'hésitent pas un moment, mais ils concluent sur le champ.

§. VII.

A peine les Indiens d'*Ouctacaze* eurent-ils vaincus la nation *Coropoque* ou *Coropée*, qu'ils la nommèrent membre de leur propre Etat, de manière qu'ils ne forment actuellement qu'une nation comprise sous le nom de *Coroados* ou les Tondus (1). Ils habitent un pays spacieux de deux cents lieues, qui s'étend depuis les plaines d'*Ouctacaze*, le long de la rive septentrionale de la rivière de Paraïba, jusqu'à la rive méridionale de la rivière Xipoto, dans les environs de *Villa Rica*.

§. VIII.

Lorsque les habitans de *Minas Geraes* commencèrent à fouiller des mines, et à chercher des trésors dans leur voisinage, ils furent attaqués par ces Indiens, et malgré toutes les peines qu'ils se donnèrent, malgré la perte de beaucoup de leurs com-

(1) A cause de leur usage de tondre les cheveux entièrement, du verbe portugais *Cortar*, qui signifie couper ou tondre.

patriotes, et l'offre d'une grande somme d'argent comptant, ils ne purent venir à bout de les vaincre, ni même de les chasser. Fatigués enfin de cette guerre longue et terrible, ils implorèrent eux-mêmes la paix de ces Indiens, en 1757. Cependant ces derniers ne voulurent rien conclure (1) qu'avec le consentement du *père Angelo Pesanha*, mon oncle maternel, qui après la mort de son père le gouverneur, *Pesanha*, était devenu leur bienfaiteur.

§. IX.

Satisfaits de cette condition, les habitans de *Minaes Geraes* et surtout *Sylverio Teixera*, alors inspecteur de la chambre royale à *Villa Rica* (depuis ecclésiastique et prieur du cloître des Chartreux à Laveiras), envoyèrent une lettre au père *Angelo*, par laquelle ils l'invitèrent à terminer promptement cette guerre terrible et sanglante (2).

---

(1) Quoique les habitans de *Campos dos Ouctacazes* furent déja leurs amis.

(2) Toutes les guerres qu'entreprend cette nation sont terribles et sanguinaires, car ils détruisent et

Le père *Angelo* satisfit à leur demande ; il partit sur le champ accompagné de ces mêmes Indiens, qui lui servirent de guides, avec la plus grande fidélité, dans ces contrées où on n'apercevait pas même la trace d'un Portugais, jusqu'à *Minas Geraes*, où enfin, en 1758, une paix fut définitivement conclue, qui est encore religieusement observée jusqu'à présent, sans aucun changement.

§. X.

Bientôt après, en 1767, *Luis Diego Lobo da Sylva* étant alors gouverneur à *Minas Geraes*, les Indiens de *Cujeti*, qu'on appelle ordinairement *Botocudos* ou *Gamelas*, vinrent faire des ravages terribles chez les habitans d'Arrajal de *Antonio Dias*, sur la rive septentrionale de la rivière *Pereicaba*.

---

brûlent tout ce qui leur tombe sous les mains, et n'épargnent pas même la vie du plus innoçent.

§. X I.

Attaqués subitement par ces nouveaux ennemis, ils eurent encore une fois recours au même gouverneur; mais, malgré l'assistance qu'il leur prêta, il leur fut impossible de les chasser; mais à peine les Indiens d'*Ouctacaze* furent-ils appelés par leur gouverneur, le père *Angelo*, pour aller défendre leurs amis et alliés, qu'ils fondirent sur les *Botocudos* et *Gameles*, avec une telle fureur, qu'ils les forcèrent à la retraite, jusqu'aux pays des Amazones; depuis ils n'ont plus inquiété ces peuples.

§. X I I.

Les mêmes *Botocudes* et *Gameles* furent les héraults de la gloire et du nom de ce bienfaiteur de leurs vainqueurs; cette gloire retentissait, de bouche en bouche, jusqu'aux rives du Meari dans les environs du Maranho, où cet évènement est encore gravé dans leur mémoire. Il sera comme un monument éternel de la fidélité et de la reconnaissance des Indiens d'*Ouctacaze*,

qui

qui conservent le souvenir de leur bienfaiteur, même dans les contrées les plus éloignées et au milieu de leurs ennemis.

Cette nation belliqueuse est pour ses voisins, les habitans des provinces *do Campos dos Ouctacazes* et *Minas geraes*, un rempart impénétrable. Les habitans de ces pays sont assurés et sans crainte des attaques des autres peuples ennemis du Brésil, car ils peuvent se reposer tranquillement et sans inquiétude sur la protection des invincibles *Ouctacazes*, nos amis vaillans et nos alliés.

CHAPITRE VII.

Le Portugal peut entretenir une marine respectable à peu de frais, sans de grands dangers et sans s'attirer l'inimitié des autres puissances.

PARAGRAPHE PREMIER.

La politique de toutes les nations européennes, et principalement des plus puissantes sur mer, veille à ce qu'aucune autre n'agrandisse sa puissance maritime, et elle prétend même quelquefois avoir le droit de l'empêcher. L'influence nuisible, que cela doit avoir sur la marine des nations du second rang, est incontestable, puisque ces mêmes nations deviennent par-là même dépendantes.

§. II.

Une nation qui a du crédit, a en même tems de l'argent et des soldats; elle peut, en conséquence, mettre en peu de tems sur pied une armée considérable. Il n'en est pas de même eu égard à la marine; on ne la forme pas en un seul jour, on ne peut ni l'acheter, ni l'emprunter tout d'un coup; mais le Portugal pourrait entretenir une marine redoutable, sans s'attirer la moindre jalousie de la part des autres nations.

§. III.

La côte étendue du Brésil est défendue par une infinité de rochers très-escarpés (1), et par des bancs de sable dangereux; mais elle a cependant, d'excellens ports et des baies larges, où de grandes flottes peuvent mouiller en toute sécurité et à l'abri des ouragans (2). Dans ces ports

---

(1) *Vasconcellas*, *liv.* 1, *das noticias do Brasil*, *n.* 68. *Rocha Pitta*, *historia da America portug. liv.* 1, *n.* 10.

(2) *Herrera Descript. n. orb. art.* 12. *Descript. Ind.*

des marchands font construire maintenant quelques grands vaisseaux de commerce pour leur avantage particulier.

§. I V.

Le marchand gagne davantage avec un vaisseau de mille tonneaux, qu'avec deux de cinq cents chacun. Ces derniers demandent beaucoup plus de voiles, le double de capitaines et de pilotes. Le grand vaisseau peut souffrir plus du double de fatigues qu'un petit, peut opposer plus de résistance aux vagues, s'exposer à de plus longs voyages.

« *Occid. chap.* 25, *de provincia et regione Brasil. Juxta oram hanc portus octo aut novem nobiliores occurunt.* »

Lery, chap. 6.

Vasconcellos, liv. 1, *das noticias do Brasil, n.* 48 *et suivans, n.* 38 *et suiv.*

Rocha Pitta, Historia da America, liv. 2, *n.* 3 *et* 83.

Outre ces grands ports, il y en a encore beaucoup d'autres, à la vérité plus petits, mais très-importans pour le commerce respectif des provinces.

§. V.

Si quelques écrivains prétendent que les petits bâtimens ont l'avantage sur les grands, en ce qu'ils exigent moins de frais, et ne sont pas obligés de rester aussi longtems dans les ports pour compléter leur cargaison, ces raisons ne sont valables que lorsqu'il s'agit d'une courte traversée, ou de cargaisons d'une grande valeur et d'un poids léger; mais il n'en est pas de même pour les longs trajets et les cargaisons pesantes, et d'une valeur médiocre, comme sont ordinairement celles du Brésil.

§. VI.

Une *arrobe* de sucre, par exemple, pèse davantage, et ne coûte pas autant que quelques cravattes de toile fine ou de soie; un petit bâtiment chargé de toiles ou de soieries, peut contenir le double de la valeur d'un autre une fois plus grand et chargé de sucre, de bois et d'autres productions du Brésil; mais, comme il est plus aise de recevoir dans chaque port cinquante cruzades que cent, il est de même plus facile au Brésil, de trouver une cargaison suffisante pour un grand vaisseau, puisque celle-ci y est d'une moindre valeur, que d'en trouver pour un petit bâtiment en Europe, puisque la cargaison de ce dernier est d'une valeur double de celle du grand navire.

§. VII.

Le marchand sait très-bien qu'il ne suffit pas d'avoir beaucoup et de grands bâtimens, mais qu'il faut encore qu'ils soient solides, proportionnés à la profondeur des ports qu'ils visitent, construits relativement à la qualité et à la quantité de leur cargaison, et surtout aussi légers qu'il est possible; car, moins on emploie de tems à la traversée, moins le danger est grand pour le vaisseau et sa cargaison, et moins les frais sont considérables pour l'entretien de l'équipage. Tous ces avantages donnent non-seulement au propriétaire un gain plus fort, mais procurent aussi à l'Etat un avantage considérable.

§. VIII.

Mais il est nécessaire d'établir dans les ports principaux du Brésil, où les matériaux pour la construction sont moins chers et de meilleure qualité, non-seulement de bons chantiers séparés de ceux de la marine de guerre, où les marchands puissent librement faire construire leurs bâtimens, et les expédier à leur gré; mais il faut encore que toutes les provinces y contribuent, qu'ils soient pourvus suffisamment d'ingénieurs maritimes et de charpentiers habiles; dans les chantiers royaux en Portugal, il y a souvent trop d'ouvriers, mais au Brésil, au contraire, ils manquent presque toujours (1).

---

(1) S'il y avait au Brésil une grande quantité d'ouvriers, les vaisseaux pourraient y être construits à très-bas prix, par l'abondance des matériaux qui s'y trouvent; le frêt serait médiocre, les denrées coloniales seront à meilleur marché dans la métropole, et d'une qualité supérieure à celle des étrangers.

§. IX.

L'art de construire des vaisseaux est plus difficile qu'on ne se l'imagine ordinairement, et ses principes ne sont pas les mêmes chez toutes les nations commerçantes. Les bâtimens anglais, français, hollandais, diffèrent dans leur forme et leurs agrès. Chacune de ses nations a ses raisons particulières de préférer la forme qu'elle a adoptée, à toutes les autres. Les vaisseaux longs et moins voutés, dont la poupe est pointue et très-avancée, sont les plus légers et les plus faciles à diriger. Ceux, au contraire, qui sont larges, et dont la poupe est ronde, peuvent porter une cargaison plus pesante, sont plus durables, mais aussi moins bons voiliers.

§. X.

Mais, tout bien considéré, la construction anglaise paraît mériter la préférence. La nation anglaise se distingue dans tout ce qui a rapport à la navigation; aussi a-t-elle eu pendant quelques siècles une pratique continuelle, et par conséquent une expérience plus longue que toutes les autres nations. Les vaisseaux anglais n'ont pas seulement une forme plus belle et plus agréable que tous les autres, mais ils se distinguent particulièrement par une extrême légèreté, et comme les Anglais sont les meilleurs marins du monde, il n'est pas étonnant qu'ils terminent le même voyage en un tems bien plus court que les autres nations. Un avantage de quelques jours donne à une grande marine une prépondérance sur le commerce de toutes les autres nations.

§. X I.

En accordant aux propriétaires de vaisseaux d'une certaine grandeur, construits du meilleur bois et d'une plus belle forme, et particulièrement à ceux qu'on peut armer en guerre, certaines gratifications ou certains privilèges, comme, par exemple, le droit d'être chargés avant tous les autres petits bâtimens, etc., (1) le Portugal aura

(1) Son propre avantage porte déja le marchand qui commerce des productions du Brésil, à faire construire ses vaisseaux aussi forts et aussi redoutables

en tems de guerre, autant de frégates qu'il est nécessaire, sans s'attirer, par ce procédé, la jalousie des autres nations.

§. XII.

On pourrait encore accorder aux propriétaires de pareils bâtimens, les pièces d'artillerie nécessaires au service de guerre sur leur simple récipissé. Alors le pavillon portugais sera respecté sur toutes les mers, il donnera plus de protection et de sûreté aux bâtimens moins grands; le commerce du Portugal deviendra florissant et sa marine redoutable.

---

que possible, mais il faut qu'il soit encouragé par des récompenses et des privilèges, pour l'engager à les faire construire en même tems pour le service de guerre.

CHAPITRE VIII.

Pour construire des vaisseaux de guerre et de commerce, sans beaucoup de frais, il faut que le Portugal donne la liberté à toutes les autres nations de faire le commerce de bois au Bresil. L'exportation à l'étranger du bois brut et travaillé doit être défendue.

PARAGRAPHE PREMIER.

UNE des principales branches de commerce des états du Nord, c'est le bois. Bien des pères laissent à leurs enfans de riches héritages qui ne consistent qu'en cargaisons de cette production (1).

Aucune nation n'a du bois aussi précieux, surtout pour la construction, que les Portugais. Tous les ingénieurs-constructeurs con-

---

(1) Bielfeld, *Institutions politiques*, tom. 2 chap. 1, parag. 46.

naissent la qualité supérieure du Tapinhoam, de la Peroba, du pin du Brésil, du cerisier, du cèdre, du canellier sauvage, de la Guerama, de la Jequetiba, etc. etc.; quelques-unes de ces espèces de bois résistent mieux à l'influence de l'eau, d'autres à celui de l'air. L'olivier et le pin du Brésil sont particulièrement propres à la mâture.

§. II.

Si on donne des soins à ces espèces de bois, ils se conservent sans se gâter, pendant beaucoup d'années, particulièrement dans les pays froids; en les travaillant, ils sèchent de plus en plus et deviennent meilleurs; mais, si on laisse ces arbres abattus sans en avoir soin, ils se dessèchent et s'avarient entièrement.

§. III.

Outre le danger dont je viens de parler, ces arbres sont encore exposés à un plus grand. Malgré leur hauteur, les arbres dans ce pays ne jettent que des racines peu profondes; elles s'étendent au loin sur la surface de la terre; ces arbres proviennent à la hauteur extraordinaire de plus de cent cinquante palmes et à une épaisseur proportionnelle; chaque coup de vent qui ébranle leurs fortes branches les abat, et pour comble de malheur ceux-ci dans leur chûte, font tomber encore beaucoup d'arbres précieux (1).

§. IV.

La Condamine dans la relation de son voyage à la rivière des Amazones, fait mention d'une branche renversée sur la

---

(1) Un jour je n'échappai qu'avec beaucoup de peine à la mort, en voyageant pendant un ouragan de *Bacâcha*, dans la province de *Rio-Janeiro*, aux plaines d'*Ouctacaze*. Souvent je me voyais enséveli sous les tas de branchages qui obstruaient le sentier étroit que je suivais. Les branches même se cassent en s'entrechoquant avec violence et leur chûte subite exposait les voyageurs aux plus grands dangers. Non-seulement ceux qui, dans de telles circonstances, traversent les forêts, mais ceux encore qui abattent les arbres et qui négligent les précautions nécessaires, sont exposés à ce danger.

rive de ce fleuve, par la violence du courant et sur laquelle il faisait ses observations astronomiques. Quoique cette branche fût déja creuse et presque entièrement pourrie, elle avait encore cent vingt-six palmes de longueur, et trente-six de circonférence. Dans un autre endroit, La Condamine (1) fait mention des canots dont se servaient les carmes envoyés par les Portugais, comme missionnaires sur cette rivière. Il monta un de ces canots, et il assure qu'ils étaient faits d'un seul arbre et avaient quatre-vingt-dix palmes de longueur, dix et demie de largeur, plus de cent de hauteur et exigeaient quarante rames pour les faire naviguer.

§. V.

Rocha Pitta, dans son histoire de l'Amérique portugaise parle de ces sortes de canots, construits d'un seul tronc, dont le diamètre était de seize à vingt palmes, qui avaient de chaque côté 20 ou 24 rameurs,

---

(1) La Condamine, *Voyage à la Rivière des Amazones*, pag. 91.

et qui étaient chargés de cinq à six cents tonneaux de sucre, dont chacun était de 40 arobes (1).

Un compagnon de voyage de *Villagnon* écrivait de Rio-Janeiro, à un de ses amis près de Paris, qu'il se trouvait dans ce pays des arbres du Brésil d'une longueur de 150 palmes, et de 9 de diamètre.

§. V I.

Les racines de ces arbres entourent les troncs à la hauteur de six à huit palmes, au dessus de la surface de la terre, où elles diminuent de manière à former, pour ainsi dire, autant de rectangles avec le tronc qu'elles sont en nombre. Il n'existe pas de bois plus propre à faire des courbes, que celui de ces racines, surtout celles de la Succupira, de l'Ipe, de l'arbre courbé en arc, de la Peroba ou de la Sapocaja ; toutes ces racines précieuses sont également arrachées et brisées par la violence des ouragans.

---

(1) Liv. 1, n°. 58 et 59.

§. VII.

A la vérité, le bois abattu pour le compte de la chambre royale, comme cela est d'usage, ou même celui qui l'est pour le profit des particuliers, ne coûte rien dans le brut, sur les lieux où il croît; mais les frais de transports jusqu'au marché, ou à la rivière où sont les vaisseaux, le renchérissent davantage, que s'il était vendu sur le lieu même par les ouvriers.

§. VIII.

Les employés, les ouvriers, qui abattent du bois pour le compte des autres, ou pour la chambre royale et l'amènent sur le marché, ne s'embarrassent guères, si les frais de transport sont considérables, si le bois même est le meilleur qu'on puisse choisir ou non; souvent ils détruisent pour n'abattre qu'un ou deux arbres, le bois le plus précieux, pourvu que cela leur semble plus commode pour arriver à leur but; malgré la plus grande surveillance, on voit tous les jours de pareils désordres.

§.

§. IX.

Le propriétaire même des terres où croît ce bois, est le premier à le laisser gâter ou même à le détruire, parce qu'il n'en tire aucun profit, malgré les ordonnances les plus précises et les peines les plus rigoureuses, uniquement pour se délivrer de la charge et de l'impôt qui pèse sur les terres, ainsi que du chagrin que lui causent tous ceux qui abattent le bois de ses forêts au nom du gouvernement.

§. X.

Mais il faut encore considérer que, si l'ouvrier ou le propriétaire travaille pour son propre compte, il exploite les forêts avec la plus grande économie, pour ne pas les endommager ou les détruire entièrement; il emploie tous les morceaux de bois qui auraient été perdus; il se donne toutes les peines possibles pour l'améliorer, pour lui procurer la préférence sur le marché; il découvre chaque jour de nouveaux moyens de diminuer les frais, de faciliter le transport pour en tirer le plus d'avantages possible.

§. X I.

Le gain que fera un des ouvriers animera les autres. Leur nombre augmentera tous les jours ; cette multitude de vendeurs fera nécessairement baisser le prix des bois et les acheteurs auront plus de choix.

§. X I I.

L'intérêt a toujours été le père de l'industrie ; il fera aussi découvrir aux Indiens de nouveaux chemins, il leur apprendra à rendre navigables les petites rivières ; l'intérêt les engagera à scier le bois sur le lieu où ils l'abattent, pour le transporter avec plus de facilité, coupé en planches, dans des contrées unies et sèches sur des traîneaux, ou avec des bêtes de somme, et même à bras, au bord des rivières.

§. X I I I.

Les grands mâts qui arrivent par Riga croissent dans les forêts de l'Ukraine et dans des pays encore plus éloignés; on est obligé d'attendre l'hiver, pour les transporter sur la neige, ou sur la glace jusqu'aux bords de la rivière d'Una, d'où ils arrivent au mois de juin à Riga. Toutes ces difficultés ne peuvent être vaincues que par ceux qui ont un intérêt particulier à faire le transport à meilleur marché ; en conséquence il est nécessaire de céder aux Indiens de l'Amérique et les frais et le gain.

§. XIV.

En renouvelant souvent les coupes, il ne peut cependant pas en résulter pour le pays une rareté sensible de bois, puisque la coupe ne doit jamais se faire qu'avec la plus grande économie, et seulement pour la marine de guerre et pour le commerce du Portugal. Car :

1°. Un vaisseau construit de bois de Brésil, dure bien des années. Aussi une marine ne se forme-t-elle pas tout d'un coup mais peu à peu. Le vide qui résultera de l'abatage des vieux arbres, sera bientôt rempli par les jeunes rejetons, qui en recevront plus d'air, et pourront par conséquent atteindre à une plus grande perfection.

2°. Ces forêts sont d'une étendue immense.

§. X V.

L'Amérique portugaise, depuis la rivière de *Vincente-Pinson*, qui est à 80 lieues de l'extrémité septentrionale de la rivière des *Amazones*, jusqu'à l'autre côté de la grande rivière *St. Pedro* au sud, comprend plus de cinq cent milles, dont dix-huit font un degré de l'équateur. La côte de l'ouest est de la même longueur, depuis le Cap St. Roch jusqu'aux possessions les plus éloignées des Carmes envoyés comme missionnaires du Portugal et des rives méridionales et septentrionales de la rivière des *Amazones*, aux environs de *Rio-Negro* (1) et de *Macapa*, étendue couverte de forêts précieuses

---

(1) Dans l'année 1744, les Portugais ont navigué sur des canots depuis la rivière Rio-Negro, jusqu'à l'Orenoque, un des plus grands fleuves de l'Amérique méridionale, qui prend sa source dans les forêts de la province Popayau dans le nouveau royaume de Grenade entre l'audience de Panama et de

jusqu'aux bords des rivières *Napo* et *Agarica*.

§. XVI.

Cependant, comme la partie de l'Amérique qui appartient au Portugal, forme un triangle dont la base est parallèle à l'équateur, elle contient, d'après un calcul précis, cent milles quarrés, dont dix-huit font un degré de l'équateur (1).

De cette étendue on peut supposer la moitié en pays cultivé, en rivières, lacs, etc.; mais l'autre moitié, de cinquante mille milles carrés est inculte et déserte.

Quito, et levèrent aussi tous les doutes qu'on avait sur la jonction de l'Orenoque avec le fleuve des Amazones, par le Rio-Negro. *Voyez* la Condamine, Voyage aux Amazones, pag. 116. Berredo Annales histor. do Estado Maranaho, liv. 12, n°. 728.

(1) Aucun empire de l'Europe n'a une telle étendue, pas même la Russie qui surpasse tous les autres pays de l'Europe, par la grandeur de sa surface et qui contient à peine 59,600 milles carrés. Voyez Busching. introd. à la Géog. parag. 17. Quelques écrivains ont même soutenu que le Brésil était aussi vaste que l'Europe entière. Voyez Bielfeld. Institut. polit. part. 3, chap. 1.

§. XVII.

Mais, en supposant que la disette de bois soit en effet à craindre pour l'avenir, on devrait encore examiner, si ce bois abandonné à lui-même dans les forêts, malgré le danger pour son espèce précieuse, produit à l'état un plus grand avantage, qu'en le faisant servir à la construction des vaisseaux, pour agrandir le commerce maritime de la nation.

§. XVIII.

Aucun état du Nord ne peut fournir une telle quantité de bois précieux et durable, que le Portugal en possède au Brésil, et pourtant aucun d'entr'eux ne néglige autant que le Portugal d'en faire usage, particulièrement pour sa marine commerciale, uniquement par la crainte d'en manquer à l'avenir. Il est constant qu'une nation qui fait le commerce maritime, ait nécessairement et indispensablement besoin de vaisseaux de guerre pour sa défense. La marine de guerre et celle de commerce sont si étroitement liées ensemble, que la destruction de l'une entraîne l'anéantissement de l'autre. Il est donc nécessaire de fixer l'attention sur toutes deux, puisqu'elles méritent d'être encouragées également, non-seulement à cause du profit que la marine commerciale rapporte à l'état, mais aussi parce que les gros vaisseaux marchands peuvent souvent servir comme vaisseaux de ligne, ou au moins comme frégates pour la défense de l'état.

CHAPITRE IX.

Pour faire prospérer le commerce de bois au Brésil, il faut que les droits d'entrée en Portugal soient abolis.

PARAGRAPHE PREMIER.

OUTRE ces espèces de bois, extrêmement utiles à la construction des vaisseaux, il y en a au Brésil encore d'autres, qu'on peut très-bien employer à la bâtisse des maisons; les bois qui sont exposés à la violence des ouragans, sont très-durables, et peuvent supporter une grande chaleur; beaucoup même se changent en charbon sans donner aucune flamme, et conséquemment ne peuvent occasionner un incendie considérable.

§. II.

D'autres espèces de bois fins qui y croissent, sont propres pour en faire toutes sortes d'instrumens. Elles ont un éclat extraordinaire qui surpasse celui de toutes les meilleures espèces étrangères ; mais le prix énorme du frêt, et la multitude d'impôts auxquels le bois d'Amérique est assujetti à son entrée en Portugal, sont cause que ces productions précieuses se perdent au Brésil, sont introduites en fraude, ou pourrissent sur pied dans le lieu de leur croissance.

§. III.

Quant au prix du frêt, il doit tomber en raison de l'accroissement de la marine commerciale, et celle-ci doit nécessairement augmenter en raison de la plus grande abondance des productions, aussitôt qu'on accordera aux ouvriers la permission de vendre le bois. Mais, si on n'abolit pas cet impôt sur l'importation du bois, le Portugal n'en pourra faire aucun commerce, ou ce commerce deviendra, par la concurrence des étrangers, plus nuisible qu'avantageux à l'état.

§. IV.

La cherté du bois du Brésil en Portugal, facilitera l'entrée des bois étrangers; d'où il résulte une double perte pour l'état, d'abord par les entraves apportées à l'utilisation des productions de ces pays, et par le comptant que nous sommes obligés de payer à l'étranger. Le bois étranger ne contient non-seulement plus de parties résineuses, et est, par conséquent, plus combustible et plus dangereux en cas d'incendie, mais il est aussi moins durable que celui du Brésil. On doit donc nécessairement abolir l'impôt pour l'entrée du bois du Brésil, afin d'obtenir une plus grande quantité du meilleur bois, qui est en même tems moins exposé au danger de l'incendie.

§. V.

L'abolition de ces impôts ne peut nullement être regardée comme une perte pour la chambre royale; ce serait une erreur très-nuisible au bien de l'état. L'économie de l'état est très-différente de celle d'un particulier; les raisons en sont évidentes;

1°. Le numéraire qui sort de la poche d'un particulier, n'y rentre jamais; mais celui qui sort de la caisse de l'état, reste dans l'état, et rarement le numéraire passe d'une main à l'autre sans quelqu'avantage pour l'état.

2°. Les ressources d'un particulier sont toujours limitées, mais celles d'un état bien gouverné sont presque sans bornes.

3°. La plupart des dépenses que fait un particulier, ont pour but le plaisir ou la commodité; mais les dépenses publiques se font ou pour la conservation immédiate de l'état, ou pour l'augmentation de son bonheur, de ses forces et de sa puissance.

§. VI.

Outre ces espèces de bois fins, il y en a encore ici beaucoup d'autres, à la vérité moins précieux par leurs qualités naturelles, mais cependant très-importans encore pour le Portugal, eu égard à sa disette de bois, et particulièrement pour la province *Alemtejo*, à cause de la consommation prodigieuse et nuisible du charbon de terre. Au Brésil il y a beaucoup de bois superflu, qu'on abat uniquement pour débarrasser le terrein qu'on veut cultiver; il serait donc très-avantageux d'utiliser ce superflu pour remédier à cette disette.

§. VII.

Les navires royaux qui vont au Brésil et en reviennent, partent ordinairement vides, et n'ont pour lest que des pierres ou quelques pièces d'artillerie. Au Brésil on n'a point de pierres calcaires, principalement dans le gouvernement de *Beira-mar*, où toute la chaux est faite avec des coquillages, et est d'ailleurs d'une mauvaise qualité. Il serait très-avantageux de lester ces vaisseaux avec des pierres calcaires, dont il y a une grande quantité en Portugal, afin d'en faire de la chaux au moins pour les maisons royales de ce pays, et de les échanger contre du bois qui se perdrait sans ce moyen, fût-il même réduit en charbon, pour l'employer dans les fonderies royales en Portugal (1).

§. VIII.

Si la chambre royale y attachait quelque intérêt, et qu'elle ne voulût pas aider ce commerce par des gratifications qui dédommageassent des frais du transport du bois, du lieu où on l'abat jusqu'aux vaisseaux, il faudrait au moins qu'elle protégeât l'échange dont nous venons de parler. Supposé que le trafic de ce lest ne fît rien gagner à l'état, il n'y perdra sûrement rien non plus, si l'on considère quelle dépense il est obligé de faire pour l'achat du bois et du charbon.

En outre, la chambre royale ne gagnera non-seulement par l'excellente qua-

---

(1) Il y a au Brésil, et surtout à *Rio-Janeiro*, une excellente espèce d'argile très-fine, dont on pourrait se servir avantageusement dans les manufactures de porcelaines. Cette argile, chargée en lest pour le Portugal, ouvrirait à cet état une nouvelle source de richesses.

lité de ce bois et de ce charbon, mais elle préviendra la ruine totale de ces provinces, par la création d'une nouvelle branche de commerce.

§. IX.

L'agriculteur qui jusqu'à présent était obligé de brûler ce bois, uniquement pour débarrasser les terres qu'il voulait cultiver, le donnera avec plaisir à vil prix pour s'en défaire. L'indigent qui ne vit que du travail de ses mains, s'occupera volontiers du transport de ce bois à bord des vaisseaux; ce commerce, faible d'abord, deviendra chaque jour plus important et plus lucratif, en raison des avantages qu'il procurera à l'état.

§. X.

Le commerce de la nation en général prêtera bientôt la main à ce commerce particulier, et le conduira au plus haut degré de splendeur. Le Portugal aura du bois et du charbon en abondance; les provinces ne seront plus ruinées par la combustion continuelle de leurs arbres, et leur réduction en charbon, et la chambre royale tirera des avantages immenses de ce bois, qui sans cela n'aurait aucune valeur, et serait réduit en cendres sans aucune utilité.

SECONDE

SECONDE PARTIE.

Des avantages que le Portugal pourrait retirer de ses colonies dans les trois autres parties du monde.

CHAPITRE PREMIER.

Le Portugal, en raison de ses immenses possessions dans toutes les parties du monde, pourrait faire un commerce plus étendu et plus avantageux que les autres nations européennes.

PARAGRAPHE PREMIER.

LE Portugal a deux sortes de possessions dans les deux Indes et sur la côte d'Afrique. Celles des Indes et des côtes d'Afrique n'ont que le commerce pour objet, mais celles de l'Amérique y joignent encore l'agriculture; aussi le Brésil est non-seulement la plus riche des possessions extérieures du Pourtugal, mais il est encore celle qui mérite le plus de soins et le plus d'attention.

§. II.

Les possessions pourtugaises en Amérique sont situées dans la plus belle contrée de cette partie du monde ; celles des autres nations ne peuvent leur être comparées, surtout sous le rapport de l'agriculture et du commerce. Toutes les autres nations qui ont des possessions en Amérique, les ont ou près des pôles, ou vers la partie méridionale de l'équateur.

§. III.

Les pays situés près des pôles ne donnent annuellement qu'une récolte à cause du froid et de la grande quantité de neige; les lacs et les rivières sur lesquels sont situés leurs ports sont gelés pendant la plus grande partie de l'année, et ne permettent aucune navigation ; c'est, par exemple, le cas des principales rivières des Etats-Unis de l'Amérique.

Les autres pays situés vers la partie méridionale de l'équateur sont, à la vérité, plus fertiles, mais ils sont aussi exposés à des ouragans violens, qui déracinent des arbres, ruinent les récoltes et détruisent même les bâtimens, comme cela arrive souvent aux *Antilles*.

§. IV.

Les pays qui avoisinent la mer du Sud, depuis le détroit de Magellan, jusqu'aux frontières du nord de la Californie, sont encore moins propres à l'agriculture. Le Pérou, tant renommé par la richesse de ses mines, ne se distingue nullement par la fertilité de son sol. Ce pays est, pour ainsi-dire, divisé en trois parties, dont l'une forme une plaine, ou le *Pérou inférieur*, qui est composé du pays des côtes; le *Pérou intérieur*, qui est coupé par des montagnes et de profondes vallées; la troisième partie est composée d'une chaîne de montagnes qu'on appelle *Cordileras Andes*, la plus élevée du monde.

§. V.

La partie inférieure du Pérou ainsi que les *Andes* sont stériles. La première, parce qu'il n'y fait point de vent et que les tremblemens de terre y sont très-fréquens, et les Andes, parce qu'elles sont, pendant toute l'année, couvertes de neige et de glaces, et qu'aucun arbre ne peut y croître. Le Pérou inférieur a bien quelques prairies pour les troupeaux, mais il est peu propre à l'agriculture.

§. V I.

En supposant même qu'il y ait quelques contrées fertiles sur ces côtes, les productions de leur culture sont presque entièrement perdues pour le commerce des nations européennes. Une mer immense, une navigation étendue et dangereuse, soit par le détroit de Magellan, soit par le cap Horn, apporteront toujours des obstacles insurmontables à ce commerce, et par conséquent mettront les habitans de ces pays dans l'impuissance de concourir avec nous à l'agriculture et à l'exportation des productions. Les mêmes obstacles auront lieu, en supposant le même degré d'industrie et d'activité, dans la pêche de la baleine, qui occasionna une guerre entre les deux plus puissantes nations de l'Europe.

§. V I I.

L'Amérique portugaise surpasse tous les autres pays en fertilité; elle est située sous les deux zônes les plus heureuses, la torride et la tempérée ; ce qui manque sous l'une, l'autre le produit en abondance.

Rio-Grande produit tous les fruits européens d'une meilleure qualité et en plus grande abondance, que tous les pays de l'Europe pris ensemble. Cette province seule est capable d'approvisionner le Portugal et même une grande partie de l'Europe, de froment, de chanvre pour la marine, et d'autres productions extrêmement nécessaires.

§. VIII.

Le Brésil est situé dans la partie orientale de l'Amérique et presque au milieu de la terre ; il a, pour ainsi-dire, les regards tournés vers l'Afrique ; un de ses pieds pose sur la mer, l'autre sur le continent ; il tend un de ses bras à l'Europe et l'autre à l'Asie. Ce pays a, dans toutes les saisons de l'année, des ports ouverts, qui ne gélent jamais, et qui ne sont pas non plus exposés à de violentes tempêtes. Il fait une navigation courte et facile ; en un mot, la richesse et l'abondance que la providence à distribuées dans toutes les parties du monde, sont ici, pour ainsi dire, réunis sur un seul point.

§. IX.

La Hollande ne possède presqu'aucune terre ferme; elle est, pour ainsi dire, inondée d'eau, elle a toujours à lutter contre les élémens; par son commerce seul elle est devenue importante; mais, dans le Brésil, au contraire, tout se réunit pour contribuer à sa fertilité et à sa richesse; le climat, le sol et tous les élémens. Il n'y manque que des hommes industrieux, de qui on peut tout attendre.

§. X.

Ce défaut pourrait être réparé par les mains de deux classes d'hommes qui périront toujours, ou par la barbarie des Africains, ou par les crimes qu'ils ont commis; et, sous ce rapport, la conservation des colonies portugaises, sur ces côtes, est indispensable pour le Brésil : quoique le Portugal en ait perdu quelques-unes, il en possède encore beaucoup, et précisément les plus importantes pour la traite des nègres. Il serait facile de faire prospérer ces établissemens en Afrique, par un commerce bien réglé, et par une forte garnison capable d'en imposer aux étrangers, faire respecter le pavillon portugais, et affranchir les possessions portugaises des insultes des marchands étrangers, auxquelles elles sont continuellement exposées.

§. X I.

Le Portugal possède en Afrique les places fortes de *Cacheu*, *Bisao* et autres, près de la rivière de *Gambie*, sur la côte de Nigritie, où se fait un commerce considérable d'esclaves pour l'Amérique, et puis une colonie à *Malaqueta* sur la côte de *Guinée*.

Dans le royaume de *Congo*, où se trouvent de très-riches mines de fer, le Portugal est non-seulement maître de la capitale *San Salvador de Longo*, *Embaca Cabuida* sur la côte, et de beaucoup d'autres places, mais aussi de tout le commerce du pays, dont les autres nations sont totalement exclues. Le Portugal possède encore *San Paolo de Loando en Benguela*, dans le royaume d'*Angola*.

§. XII.

Outre le grand commerce d'esclaves que le Portugal fait sur la côte d'Angola, il a encore beaucoup d'autres avantages qui manquent aux étrangers; car tous les esclaves qui viennent de plus de cent milles de l'intérieur des terres, sont maigres et faibles à leur arrivée à la côte. Les Portugais ont l'habitude de laisser guérir et de bien nourrir ces esclaves avant de les embarquer; ils ont le plus grand soin qu'ils arrivent à bord en bonne santé, et il résulte, de ces attentions, qu'il en meurt peu dans le trajet des côtes d'Afrique au Brésil.

§. XIII.

Mais les autres nations sont obligées, faute de possessions sur la côte, d'embarquer les nègres aussitôt leur arrivée de l'intérieur du pays, et dès qu'il y en a un nombre suffisant, et il arrive delà qu'elles en perdent souvent plus de la moitié. Ces nations connaissent très-bien les avantages des possessions des Portugais, et leur manière de traiter les nègres; elles ont cherché à les imiter, mais toujours inutilement; car non-seulement les mauvais traitemens à bord des vaisseaux négriers, mais encore les nombreuses fatigues que les nègres ont eu à souffrir d'un long voyage, les rendent faibles et malades; l'aspect même de la côte en fait mourir beaucoup de mélancolie.

§. XIV.

Dans la mer Atlantique, le Portugal possède les îles *Açores* ou *Terceres*, dont plusieurs produisent beaucoup d'espèces de légumes, du froment, des porcs, du chanvre, du vin et des eaux minérales chaudes. Les îles de *Porto-Santo* et de *Madère* produisent le meilleur vin du monde. Toutes les îles du cap Vert produisent non-seulement beaucoup de fruits excellens, surtout des citrons et des oranges, qui servent principalement comme moyen de conservation pour la santé des voyageurs, mais elles ont aussi de la viande et d'autres provisions en abondance et à un très-bas prix, pour les vaisseaux qui y mouillent en venant des Indes.

§. XV.

L'île *Majo* produit une quantité immense de sel ; l'île *Bonavista* beaucoup d'anis ; l'île *St. Yago* du coton et de l'huile à brûler. Toutes ces côtes sont très-abondantes en poissons, en tortues, et surtout en une espèce de poisson qui a beaucoup de ressemblance avec la morue, mais qui la surpasse pour le goût. On pourrait faire un commerce considérable de ces productions dans toutes ces îles situées près de la côte d'Afrique.

§. XVI.

Le Portugal possède encore, sur la côte d'Angola, les îles *St. Thomas* et *Principe*, qui servent principalement au mouillage des bâtimens étrangers, qui sont obligés d'y payer un droit d'ancrage, en partie au bénéfice de la chambre royale, en partie pour diminuer la concurrence des étrangers avec les marchands portugais.

§. XVII.

Sur la côte de *Zanguebar*, le Portugal possède la place importante et riche de *Mozambique*. Le commerce de cette côte est réuni à celui de la côte de *Goa*. La plupart des marchandises qu'on y trouve viennent de l'Inde ; les marchandises européennes n'y sont presque d'aucun débit ; l'or, l'ivoire et les esclaves qu'on en tire, sont les marchandises les plus lucratives dans les Indes ; il s'ensuit que les vaisseaux de *Goa* peuvent facilement compléter leur cargaison, dans leur séjour à *Mozambique*.

§. XVIII.

Les troubles qui ont fait tant de tort au commerce de *Goa* n'ont pu cependant la priver des avantages de sa position naturelle. Cette place, fermée à tous les étrangers, n'a besoin que d'un peu d'industrie, pour devenir, en très-peu de tems, une des principales et des plus riches factoreries de l'Inde.

§. XIX.

Goa était autrefois la factorerie la plus riche, de l'Inde ; l'interruption de son commerce n'a d'autre raison que les conquêtes des Anglais, et surtout des Hollandais, qui ont chassé les Banians, qui jadis soutinrent ce commerce, et forcèrent les Portugais à prendre la route de *Surate*.

§. XX.

En Asie, le Portugal possède, dans le royaume de Guzurate, la fameuse place de *Diu*, dont je ne puis prononcer le nom, sans me rappeler les hauts faits des héros portugais, qui égalent les exploits des anciens Romains.

Les Portugais possèdent encore la place de *Damao*, dans le golphe de *Cambaye* et *Canoar* sur la côte de Malabar, dont la principale branche de commerce est le poivre, ainsi que *Divar*, petite île au sud, et *Bardes*, au nord, près de *Goa*. En Chine, la ville de *Macao*, dont le commerce était jadis si florissant, leur appartient encore.

§. XXI.

Tant de possessions sur la côte orientale de l'Afrique, au Malabar, à la Chine, peuvent procurer aux Portugais un commerce très-étendu pour les Indes ; ils n'ont pas besoin d'y faire des conquêtes, d'y fortifier des places, ni d'y établir de nouvelles colonies ; la seule chose qu'ils aient à faire, est de combattre la concurrence des autres nations, et cela dépend de leur propre industrie.

§. XXII.

Tant que le commerce des Portugais aux Indes orientales, restera entre les mains, de quelques individus, de quelques marchands qui ne peuvent trafiquer qu'avec des fonds médiocres, il ne faut pas penser à une augmentation considérable; il restera toujours dans l'état de médiocrité auquel l'industrie, et les forces réunies des compagnies des Indes étrangères l'ont condamné.

§. XXIII.

Les compagnies des Indes orientales portent infiniment plus de marchandises de l'Inde dans leur patrie, qu'elles n'exportent de productions de celle-ci; par conséquent elles en tirent annuellement des sommes considérables en argent monnoyé. Il suffit d'avoir une légère idée du commerce pour être convaincu, qu'une nation, qui a une société de commerce dans les Indes orientales, ne peut jamais y perdre.

§. XXIV.

Une telle nation gagne, à l'exportation des marchandises des Indes orientales, une somme plus forte qu'elle n'a payé lors de l'importation. Il faut avouer, cependant, que chez des nations, dont la principale richesse consiste en articles fabriqués, le préjudice que les marchandises indiennes portent à leurs manufactures, surpasse de beaucoup les avantages qu'elles en tirent; mais ce préjudice ne peut avoir aucune importance pour le Portugal, s'il s'adonne sérieusement à ce commerce.

§.

§. XXV.

Dans l'état actuel du commerce de l'Europe, le Portugal est la nation qui se trouve dans la position la plus avantageuse pour trafiquer. La construction des vaisseaux que le commerce exige est une manufacture qu'il paie, et qui répand une grande richesse dans l'état. Le grand nombre de matelots et de commis qui sont attachés à la navigation est un second avantage qui enrichit la nation. Le bois de construction, qui, sans ce commerce, se perdrait dans le Brésil, et dans différentes colonies portugaises en Afrique, est une troisième source de richesses.

§. XXVI.

Le salpêtre est un article précieux pour le commerce de l'Inde, quand on l'emploie comme lest. Les étoffes de coton et de soie, surtout celles de coton grossier, sur les côtes d'Afrique , alimenteront d'autres branches du commerce européen.

§. XXVII.

En général on n'a qu'à tourner les regards sur les sources de richesses que possède le Portugal, et sur les principes sublimes du commerce, pour être convaincu que cet état est à même d'opérer une régénération plus heureuse dans le commerce de l'Europe, que celle qu'il opéra jadis, par le courage et l'habileté de ses marins sur les côtes d'Afrique et dans les mers de l'Inde, par la découverte de la route par le Cap de Bonne-Espérance.

§. XXVIII.

Le Portugal pourrait répandre dans le commerce de l'Europe des richesses plus grandes et sûrement plus utiles, que lors de ses grandes découvertes. L'accroissement du commerce du Portugal est extrêmement important pour toute l'Europe, et particulièrement pour les nations qui s'occupent de manufactures, à cause de l'augmentation du nombre de consommateurs et de leurs marchandises.

CHAPITRE II.

Plus le Portugal contractera de dettes envers ses colonies, plus il sera riche.

PARAGRAPHE PREMIER.

Si une denrée quelconque de la métropole, le froment, par exemple, est cultivé en abondance dans les colonies, et que cette abondance en ait fait baisser le prix dans la métropole, ce n'est pas en général un désavantage pour celle-ci, car on ne doit pas confondre l'intérêt des individus avec celui de l'état.

§. II.

Si l'abondance d'une production, surtout de première nécessité, en fait baisser le prix, celui de toutes les autres marchandises diminue également par la même raison dans la métropole, et bientôt l'équilibre est rétabli. Il est vrai que le fabricant achète les matières premières à bas prix, mais il est aussi obligé de vendre les marchandises de ses manufactures à meilleur marché. Il en est de même du journalier, de l'artisan et du marchand.

§. III.

Un second avantage qui en résulte pour la nation entière, est celui-ci. L'abondance extrême des productions fait qu'elles peuvent être vendues à un si bas prix à toute l'Europe, et même à toutes les autres parties du monde, qu'il est possible de ruiner les productions du sol de leurs rivaux qui veulent entrer en concurrence avec eux.

Quel préjudice peut-il en résulter pour la métropole, si, par exemple, les colonies produisent tant de froment, qu'elles détruisent le commerce des Maures et des autres nations qui nous vendent ces productions, et qui retirent par conséquent le numéraire du pays? L'art du négociant consiste principalement à se rendre maître de telle ou telle branche de commerce. Il faut qu'il cherche les moyens de pouvoir y mettre un prix si bas, qu'aucune autre nation ne puisse concourir avec lui.

§. IV.

La métropole, conjointement avec les colonies, doivent être regardées, relativement à l'agriculture et à toutes les productions de la terre, comme la maison d'un seul cultivateur, dont le but principal est d'y accumuler des richesses, et de posséder en abondance ce qu'il a à vendre aux étrangers. Celui qui possède beaucoup de biens, ne s'embarrasse guères si tel ou tel lui donnera plus de revenu, pourvu que l'ensemble lui rapporte beaucoup.

§. V.

Il est prouvé que, si l'agriculture et la production des matières premières dans les colonies avaient reçu toute l'extension dont elles sont susceptibles, la métropole ne pourrait les consommer toutes; elle ne peut pas non plus les payer de ses propres productions brutes, ou de ses manufactures : il faut donc qu'elle solde le surplus en argent comptant; mais quel préjudice peut-il en résulter pour la métropole? Plus elle possède de productions coloniales, plus elle peut vendre aux étrangers. Ces productions sont d'une grande valeur ; elles sont de première nécessité ; les étrangers en ont besoin, et ne peuvent aucunement s'en passer.

§. VI.

Si dans ce cas la métropole est débitrice des colonies, elle est en même tems créancière du double des étrangers. Elle tire de l'un et de l'autre côté un double profit; elle gagne à l'achat, elle gagne à la vente, au frêt, aux transports dans toutes les parties du monde, à l'augmentation de sa marine, et à l'extension de son commerce. Qu'importe à la métropole de devoir beaucoup à ses colonies, si elle est créancière du double des étrangers? Il n'est pas même possible que la métropole devienne créancière des colonies, sans devenir en même tems débitrice des étrangers, parce qu'elle n'a aucune abondance de vivres ou de productions manufacturées, et que sans abondance il n'y a point de commerce.

CHAPITRE III.

Plus le Portugal contractera de dettes envers ses colonies, plus elles lui seront attachées, et plus elles seront sous sa dépendance.

PARAGRAPHE PREMIER.

La métropole doit, en sa qualité de mère-patrie, procurer à ses filles tout ce qui lui est possible pour leur défense, ainsi que pour la sûreté de leurs biens et de leur vie; elle doit chercher à leur conserver la possession tranquille et sans trouble de ces biens.

§. II.

Ce bienfait exige une reconnaissance pareille et même quelques sacrifices; les colonies de leur côté doivent consentir;

1°. A ne faire aucun commerce direct qu'avec la métropole, même dans le cas où le commerce avec une autre nation lui serait plus avantageux;

2°. A ne pas avoir elles-mêmes de manufactures, et particulièrement de fabrication de coton, de toile, de lin et de soie, mais à s'habiller avec les productions de l'industrie de la mère-patrie.

Ainsi les vrais intérêts des deux parties seront favorisés, et le lien qui les unit l'une à l'autre en sera plus resserré.

§. III.

En un mot, plus les avantages et les intérêts de la métropole seront liés étroitement à ceux des colonies, plus elle deviendra riche; et plus elle devra à ses colonies, plus son bonheur et sa sûreté seront assurés.

Le créancier surveille son débiteur comme sa propre fortune; sa propriété l'intéresse, il ne cherche point à le ruiner, mais le débiteur cherche à éviter les regards de son créancier par tous les moyens possibles, et plus celui-ci se rend indépendant de lui, plus il donne occasion à l'autre de le fuir.

§. I V.

L'homme né dans la pauvreté, l'esclavage et la misère, maudit ceux qui l'ont fait naître; il déteste la vie, il se révolte contre tout, même contre lui-même; souvent il tombe dans le désespoir et se donne la mort. Celui qui n'a rien à perdre dans le monde, est le plus hardi et le plus audacieux de tous, puisqu'il n'a aucun frein qui le retienne.

§. V.

Mais l'homme qui vit dans l'abondance s'occupe bientôt à chercher une compagne aimable, qui lui rende la vie douce et agréable; se voyant, pour ainsi dire, rajeunir dans ses enfans, il adore son créateur, il bénit la main bienfaisante qui le protège, il respecte la religion et les lois, et il est le premier à mettre de l'importance à conserver la tranquillité et la sécurité publiques, puisque la sienne propre et celle de sa famille en dépendent.

§. VI.

Celui-là seul craint de voir troubler la tranquillité publique, à qui elle peut occasionner quelque perte, et plus il a à perdre, plus il le craint ; mais aussi, plus il craint, plus il aime à obéir. Il est, par conséquent, nécessaire que l'intérêt de la métropole soit lié avec celui des colonies, et que celles-ci soient traitées sans jalousie. La richesse du souverain est en raison de celle des sujets.

TROISIÈME PARTIE.

De l'intérêt du Portugal, relativement aux autres Puissances.

CHAPITRE PREMIER.

Les fabriques de luxe ne conviennent point au Portugal.

PARAGRAPHE PREMIER.

UN commerce étendu considérablement produit chez une nation les mêmes effets que les mines les plus abondantes d'or et d'argent ; car les richesses produites si promptement par ces deux sources, aiguillonnent la cupidité des membres d'un état ; il en résulte bientôt une abondance d'artistes et de manufacturiers ; chacun veut être marchand ou mineur.

§. II.

Un luxe sans bornes s'empare de tout le monde, chacun veut se mettre au niveau des plus riches, personne ne veut être artiste ou fabricant, que sous la condition de très-gros bénéfices. Le défaut de fabricans qui en résulte chez une nation très-riche fait nécessairement passer les manufactures à la nation qui l'est moins, et chez qui la main-d'œuvre est à plus bas prix.

§. III.

C'est le sort que les Hollandais ont éprouvé par l'accumulation du numéraire en circulation ; ils ne connaissent d'autre source de richesses que le commerce étendu de leurs marchands.

Les Hollandais possèdent, à la vérité, quelques restes de leurs anciennes manufactures que l'économie a su conserver ; mais celles-ci ne peuvent être comptées parmi les sources principales de leur commerce; la disette d'ouvriers, causée par l'abondance extrême du numéraire, les anéantira bientôt entièrement.

§. IV.

Par cette raison, la consommation des marchandises des manufactures des Indes orientales qui est en opposition avec l'intérêt de toutes les nations européennes dont la richesse principale consiste en manufactures, est favorable aux Hollandais.

La Hollande vend non-seulement les marchandises avec avantage aux autres nations, mais il lui est aussi plus avantageux d'habiller ses habitans avec des marchandises des manufactures indiennes qu'avec celles de l'Angleterre et de la France. De cette manière la Hollande répare, par son adresse dans le commerce, le désavantage de la trop grande abondance de numéraire qui lui interdit la conservation de ses manufactures.

§. V.

Le sénat de Gênes a donné l'exemple d'une sage politique en limitant, par une défense, l'usage de la porcelaine, tandis qu'il ne mettait aucunes entraves à celui de la vaisselle d'argent. La grande accumulation de cette vaisselle fut regardée comme un préservatif contre le désavantage d'une trop grande quantité de numéraire dans un état, et les impôts sur l'argent fabriqué, comme opposés aux principes d'une sage politique.

§. VI.

Il est impossible que les richesses naturelles ou artificielles d'un état puissent augmenter, sans renchérir en même tems la main-d'œuvre, et par conséquent sans détruire les manufactures; si la balance dont une nation s'est procuré l'avantage par le commerce, lui reste toujours favorable, les manufactures doivent s'anéantir. La nation qui augmente continuellement sa richesse en numéraire, par ce seul moyen, approche insensiblement de sa ruine totale.

§. VII.

On doit donc nécessairement en Portugal éloigner du système politique l'idée d'y établir des manufactures; d'abord parce qu'il sera impossible de soutenir la concurrence avec les autres nations, qui ont employé la plus grande partie de leurs fonds à cette branche d'industrie, et qui y sont devenues nos maîtres, et en second lieu,

parce

parce que ces manufactures seront bientôt détruites par la balance du commerce, si avantageuse au Portugal.

§. VIII.

Mais les manufactures, au contraire, qui ne demandent que des bras et point de génie ni d'art, dont les marchandises sont principalement destinées aux classes inférieures du peuple, qui forment la partie la la plus importante des consommateurs dans un état, sont celles qui conviennent le mieux au Portugal ; les femmes, les enfans, les vieillards, les infirmes, tous y trouvent de l'ouvrage en proportion de leurs forces.

§. IX.

Les manufactures les plus nécessaires, principalement celles qu'on regarde comme indispensables, tous les métiers qui contribuent à l'habillement des troupes, à l'équipement des vaisseaux, doivent être encouragés en Portugal ; on doit leur accorder des secours égaux, pour procurer à leurs productions la préférence, sur celles des étrangers.

§. X.

Les manufactures de luxe, qui dépendent exclusivement du goût, du génie, de l'art, ne méritent pas de secours particuliers en Portugal, non-seulement parce que ce royaume manque de bras pour le commerce des productions de ses colonies, mais aussi pour engager les autres nations à commercer avec nous et à acheter notre superflu.

§. X I.

Sans ce moyen nous ne pourrons jamais parvenir à un haut degré de prospérité. En cachant nos trésors et en les rendant ainsi inutiles à nous et aux autres, nous serons attaqués de tous côtés par des nations étrangères qui, par le défaut de travail, nous forceront de partager notre gain avec elles ; la nécessité nous fera des ennemis de tous nos amis.

§. XII.

Le Portugal doit être considéré, par rapport aux autres nations et à ses colonies, soit comme un habile manufacturier, soit comme produisant les matières premières. Celui-ci s'enrichit en fournissant les marchandises les plus nécessaires aux besoins de la vie, et celles qui sont indispensables à l'industrie ; l'autre par la valeur continuelle qu'il ajoute aux productions brutes de tous les pays par son industrie. Le négociant qui est intermédiaire, les approvisionne tous deux, et se procure par-là un double gain.

§. XIII.

Aussi doit-on considérer que le luxe et les modes changent continuellement d'objets. Par conséquent la prospérité d'un artisan ou d'un fabricant par le moyen des objets de luxe, est fort incertaine. On voit les uns précipités subitement dans le besoin et la misère, parce que leurs ouvrages ne sont plus recherchés, pendant qu'on en voit d'autres vivre dans l'abondance par la vogue subite qu'ont les objets de leur travail.

§. XIV.

Les malheureux ouvriers dont les marchandises sont passées de mode, ne savent plus par quel moyen se procurer leur subsistance; beaucoup d'entr'eux ne sont plus capables d'apprendre un autre métier; une partie succombe à la misère, une autre se disperse, quitte sa patrie, augmente le nombre des vagabonds, et l'état perd par-là un grand nombre de sujets utiles.

§. XV.

L'abondance dans laquelle se trouvent ceux qui sont assez heureux pour que leurs ouvrages soient les plus recherchés, ne dédommage pas l'état de cette perte. Leur nombre n'augmente que lentement, car cette richesse ne peut être que précaire, et si par hasard elle dure, son effet ne peut être très-sensible, car l'ouvrier, qui connaît l'inconstance de la fortune, n'ose pas s'y fier.

§. XVI.

Pour une nation très-nombreuse qui compte plusieurs millions d'individus laborieux, la perte de quelques-uns ne peut pas occasionner un grand vide ; mais, pour le Portugal qui ne possède que peu d'hommes de ce genre, la perte d'un seul est déja très-importante. On doit nécessairement bannir du systême politique, tous les projets de manufactures de luxe.

Je n'entends cependant pas dire par-là, que de telles fabriques doivent être anéanties et prohibées, mais seulement que l'état ne doit point les favoriser, et n'employer de grandes sommes pour des avantages toujours petits et insignifians, comme l'expérience l'a prouvé.

CHAPITRE II.

Le Portugal, par la position géographique de ses provinces, pourrait devenir, dans les quatre parties du monde, une des puissances maritimes les plus respectables.

PARAGRAPHE PREMIER.

Le Portugal est situé à l'extrémité occidentale de l'Europe, entouré au midi et à l'ouest par la mer Atlantique ; vers le Nord il touche à l'Espagne ; on peut dire, par conséquent, qu'il n'a en Europe d'autres voisins que les Espagnols. Les mers immenses qui l'entourent lui servent de remparts, et quoiqu'elles puissent favoriser les desseins des ennemis qui voudraient attaquer ses côtes, elles peuvent aussi, comme il en a fait plusieurs fois l'expérience, faciliter l'arrivée des flottes de ses alliés destinées à sa défense.

§ II.

Dans l'Amérique méridionale, le Portugal possède tout le Brésil, depuis le *Cap Nord des Amazones*, où il confine à *la Guyanne*, jusqu'à la rivière *de la Plata* à l'Est; il est baigné par l'Océan Atlantique; vers le midi et l'ouest, il avoisine l'Espagne. La côte entière, étendue de plus de six cents milles, dont dix-huit font un degré de l'équateur, est divisée en plusieurs provinces; les principales sont : *Para*, *Maranaho*, *Fernambouc*, *Baja*, *Rio-Janeiro*, *St. Catharina* et *Riogrande* (1).

(1) La province de *Riogrande* produit beaucoup de vaches, des chevaux, du froment et du chanvre. L'abondance de ces productions indispensables, rend cette province la plus riche de toutes, mais sa rivière ne promet pas une forte navigation, à cause de ses bas fonds. La province *St. Catharina*, reculée vers le Nord, sert de débouché aux productions de celle de *Riogrande*, non-seulement à cause de sa proximité, mais particulièrement par son excellent port, qui après celui de *Rio-Janeiro* est le meilleur entrepôt du Brésil. Il est donc nécessaire que le port de *St. Catharina* soit bien fortifié, et ait une bonne garnison.

§. III.

Dans l'intérieur du pays, sont situées les provinces *San Paulo*, *Minas-Geraes*, *Gojas*, *Cujaba*, *Mato-Grosso*. Dans presque toutes ces provinces et places le Portugal entretient un nombre suffisant de troupes bien armées, qui se prêtent un secours mutuel lorsque le besoin l'exige.

§. IV.

Le Portugal, surtout en Europe et en Amérique, est à l'abri des descentes des troupes étrangères, car toutes les nations sont intéressées à sa conservation, à cause de leur propre commerce. Mais, comme cette puissance a tant de possessions importantes et éloignées les unes des autres; dans les quatre parties du monde, elle doit nécessairement veiller avec un soin particulier à la conservation de ses provinces, et ne négliger aucune occasion de s'affermir de plus en plus dans ses possessions par l'accroissement du commerce et de la navigation, surtout en Afrique où elle compte tant de rivaux.

§. V.

En Europe et au Brésil, le Portugal, comme nous l'avons déja observé, n'a d'autres voisins que les Espagnols; et s'il avait autrefois beaucoup à craindre de cette nation, à cause de ses anciennes prétentions et de sa supériorité sur le Portugal, il y a aujourd'hui une infinité de raisons qui doivent rassurer les Portugais, et les tranquilliser sur la conservation de la bonne intelligence avec les Espagnols.

§. VI.

Voici ces raisons :

1°. Le Portugal, par un traité conclu et signé à St. Ildephonse, en 1668, fut reconnu indépendant ; ce traité ne fut non-seulement confirmé dans tous ses points, mais même étendu par la paix conclue à Utrecht, en 1713, et par différens traités particuliers entre ces deux nations.

2°. Les alliances respectives des deux maisons royales par des mariages.

§. VII.

3°. Le défaut de provisions dans les provinces espagnoles voisines du Portugal, et beaucoup d'autres inconvéniens empêchent l'Espagne de faire marcher contre cette puissance une armée trop considérable, pour que celle-ci ne soit en état de lui opposer une résistance égale.

4°. La politique européenne, veillant sans cesse à la conservation de la balance entre les puissances, et à ce qu'aucune nation ne parvienne à la prépondérance sur une autre, ne permet pas que les trésors du Pérou et du Brésil passent sous la domination d'un seul souverain.

Toutes les puissances maritimes sont intéressées à la conservation du Portugal, comme à celle de leur propre fortune, et elles sont toujours prêtes à venir au secours de cette puissance, aussitôt qu'elle est menacée par une autre.

§. VIII.

L'intérêt mutuel fait plus que tous les traités ; il est le seul lien qui unisse les états, le seul soutien de leur politique. L'histoire prouve que les secours fournis par les autres peuples, ont déconcerté plus d'une fois les plans hostiles de l'Espagne contre le Portugal. L'intérêt de ces deux nations exige donc qu'elles vivent en bonne intelligence, sinon comme alliées, ou du moins dans une exacte neutralité.

§. IX.

Si la France consulte son propre intérêt, jamais elle n'attaquera le Portugal dans ses possessions européennes, non - seulement parce qu'elle en est séparée par l'Espagne, mais encore parce que le succès d'une attaque sur mer ou d'une descente est toujours très-incertain, et qu'elle se ferait par-là des ennemis de tous les peuples qui sont intéressés à la conservation du Portugal et de son commerce.

§. X.

Il en sera de même au Brésil;

1°. Parce que les possessions de la France n'avoisinent pas celles du Portugal, excepté une petite partie de la Guyane sur la rive septentrionale de la rivière des Amazones.

2°. Parce que les établissemens des Portugais en Amérique remontent à une époque très-reculée, ce qui est une circonstance importante pour ces pays éloignés.

3°. Parce que le Portugal possède au Brésil d'excellens ports et des places fortes, dont la France ne pourrait s'emparer qu'au moyen d'une flotte considérable.

§. XI.

4°. Parce que toutes les nations qui font le commerce maritime, s'empresseront de venir au secours du Portugal, pour l'intérêt de leur commerce, et pour empêcher la France de s'agrandir.

5°. Parce qu'il est même avantageux pour la France que le Portugal conserve toutes ses possessions, ou du moins qu'aucune des autres puissances ne s'agrandisse aux dépens du Portugal (1).

§. XII.

La Hollande se trouve depuis le traité de la Haye, du 6 août 1661, confirmé par celui d'Utrecht et d'autres conclus entre ces deux nations, relativement au Portugal, dans la même situation que la France; mais elle ne peut cependant pas faire autant, à cause de la grande différence de la puissance de ces deux nations.

§. XIII.

De toutes les puissances européennes, l'Angleterre est celle dont le Portugal doit chercher le plus à conserver l'amitié, non-seulement en raison du commerce que ces deux nations font ensemble, mais princi-

(1) *Voyez* l'excellent traité intitulé : *Discurso politico que fés o Conde do Soure ao Cardéal Mazarini, etc.*, dans les Obras do Huarte Ribeiro do Macedo, Tom. I, p. 3, etc.

palement en raison de l'activité et de la promptitude des secours que le Portugal peut toujours se promettre de la part de l'Angleterre.

§. XIV.

On ne doit cependant pas s'imaginer que le Portugal soit sous la dépendance de l'Angleterre. Cette puissance a besoin de procurer des débouchés à ses objets manufacturés; elle préfère les vins du Portugal à ceux de France, non-seulement parce que ceux-ci ont doublé de prix par les impôts multipliés dont on les a surchargés en Angleterre depuis le traité de commerce de 1703, mais encore parce que la balance du commerce serait à l'avantage de la France (1). Au reste, les grands avantages que l'Angleterre tire de son commerce avec le Portugal, prouvent suffisamment que celle-ci

(1) Intérêts des nations de l'Europe, T. I, chap. 8. de l'Angleterre, p. 378.

Memorias economicas da academia Real das Sciencias de Lisboa, tom. III. Memoria sopre o Estado da agricultura es commercio do Alto Douro, chap. 2, p. 75.

dépend plus du Portugal, que le Portugal de l'Angleterre.

§. XV.

Le pacte de 1703 n'est qu'un traité de commerce qui n'a aucun rapport avec un traité de paix. Le Portugal, par ce traité, ne s'engagea qu'à accorder l'entrée aux marchandises anglaises provenant de leurs manufactures de laine, sans les assujétir à un impôt plus fort qu'elles n'étaient obligées de payer avant la prohibition de l'entrée des draps de l'étranger. Ceci n'est point un privilège exclusif qui lie les mains aux Portugais, et les empêche d'accorder les mêmes droits à toute autre nation qui lui achetera une plus grande quantité de son superflu, et les productions de ses colonies.

§. XVI.

L'Angleterre n'achète au Portugal que peu de sucre, point de tabac, et aucune marchandise des Indes, parce qu'elle les tire de ses propres colonies; de toutes les denrées coloniales des Portugais, elle n'achète, excepté le coton, que l'or et les diamans.

§. XVII.

Si le Portugal affranchissait toutes les autres nations de l'impôt sur les marchandises de laine, et rétablissait les choses comme elles étaient avant cette prohibition, non-seulement il acquérerait de nouveaux amis et des alliés, parce que ces nations trouveraient de l'avantage à commercer avec le Portugal, mais il augmenterait encore par ce moyen le nombre des concurrens sur les marchés, qui lui vendront à plus bas prix les productions de leur industrie et de leurs manufactures, et qui achéteront les denrées portugaises plus cher que les Anglais, ce qui porterait sûrement un coup funeste au commerce de de ces derniers; car, comme la main-d'œuvre est excessivement chère en Angleterre, par la richesse de la nation, et par la multiplicité des impôts, dont elle est surchargée, pour acquitter l'intérêt de la dette nationale, elle ne pourrait, sans préjudice,

soutenir

soutenir la concurrence avec les ouvriers portugais.

§. XVIII.

Il est donc très-important pour l'Angleterre de conserver l'amitié du Portugal; il lui est même souvent avantageux de faire quelques sacrifices, pour que le Portugal ne profite pas de la liberté de son commerce, et d'empêcher que le nombre des concurrens ne s'augmente sur les marchés portugais, afin que tout reste dans l'état actuel.

Toutes les autres nations européennes n'ont relativement au Portugal aucun autre intérêt que celui du commerce.

§. XIX.

Nous avons démontré que le Portugal n'a en Europe et en Amérique d'autres voisins que les Espagnols; qu'il est très-avantageux pour ceux-ci de vivre en bonne intelligence avec les Portugais, soit comme alliés, soit comme neutres. Comme les Portugais ont dans leurs possessions, surtout dans celles de l'Amérique, des troupes de terre suffisantes pour en empêcher la conquête par une autre nation européenne, mais une force maritime trop peu considérable pour se défendre contre les attaques des nations ennemies, qui pourraient tenter une descente sur quelque point faible des côtes du Brésil, en Afrique ou en Asie, il s'en suit qu'il est extrêmement nécessaire, pour le Portugal, de diminuer le nombre de ses troupes de terre, et de n'en conserver que ce qu'il faut pour soutenir chez ses voisins son autorité, et maintenir la sûreté et la tranquillité de ses sujets, et d'employer, au contraire, tous les moyens pour augmenter ses forces maritimes, qui ne peuvent jamais prendre trop d'accroissement, et qui s'étendront toujours de plus en plus, en raison de l'extension de son commerce.

§. XX.

Le Portugal, sous le rapport de puissance maritime, doit être considéré comme l'Angleterre, qui ne met sur pied que peu de troupes de terre, afin de pouvoir entretenir une plus forte marine, mais avec cette différence, que l'Angleterre est entourée de tous côtés d'ennemis et de rivaux, qui peuvent facilement entreprendre une descente sur ses côtes, au lieu que les possessions portugaises sont bien plus éloignées de celles de l'ennemi, et qu'elles peuvent, quand le besoin l'exige, se porter secours mutuellement par la réunion de leurs forces maritimes et de leurs troupes de terre. La perte d'un soldat peut, chez eux, être facilement réparée par deux ou trois hommes robustes et sains.

§. XXI.

La même chose n'a pas lieu chez les ennemis des Portugais. Ceux-ci sont souvent obligés de faire venir des contrées éloignées des provisions avariées, et des soldats fatigués; la perte d'un soldat ne peut pas être réparée sur le champ par une autre. Tous ces avantages sont particuliers au Portugal et non pas à l'Angleterre.

§. XXII.

Toutes les autres puissances maritimes, comme l'Espagne, la France, la Hollande qui ont beaucoup de voisins par terre, ont des retranchemens, des fortifications et de grandes armées bien disciplinées toujours prêtes à l'attaque ou à la défense. Cette grande force de terre diminue nécessairement le nombre des troupes de mer ; c'est encore en cela qûe le Portugal a des avantages sur les autres puissances maritimes.

CHAPITRE III.

La neutralité du Portugal est d'un grand poids pour les autres puissances maritimes.

PARAGRAPHE PREMIER.

TOUS les états européens ne sauraient trop restreindre leurs dépenses ; car, outre la solde et l'entretien de leurs troupes en tems de paix, ils sont encore obligés d'avoir toujours à leur disposition des fonds qui sont perdus pour le commerce, sans quoi ils sont exposés continuellement à se voir ruinés, à vivre dans une perpétuelle inquiétude et dans la crainte d'être attaqués par leurs ennemis.

§. II.

Une puissance dont les états sont situés entre deux ou plusieurs nations belligrantes, se voit souvent obligée ou de prendre part à la guerre, ou de permettre le passage des armées étrangères sur son territoire ; mais, comme celles-ci ravagent presque toujours les pays qu'elles parcourent, et surtout ceux des neutres, qu'elles ne comptent pas pour leurs amis, la puissance neutre se voit forcée de suivre un des deux partis, pour ne pas être exposée aux ravages de tous les deux, et la prudence du souverain le plus sage, fut-il même l'ami et le père de ses sujets, ne pourrait les garantir de ce fléau.

§. III.

Le Portugal est à l'abri de tous ces désastres par sa position à l'extrémité de l'Europe. Deux amis l'entourent; l'un lui ouvrant volontiers tous les passages de ses états, l'autre, par sa puissance formidable, lui sert de boulevard contre les attaques qu'il aurait à craindre du côté du Nord. Ainsi le Portugal, par son heureuse position, se sert de tous les avantages que possède l'Europe, de ses arts, de ses sciences et de son commerce; mais, sous le rapport des inconvéniens, comme celui de la guerre, il semble qu'il soit situé hors de l'Europe.

§. IV.

Quant aux puissances maritimes belligérantes, le Portugal peut observer une stricte neutralité sous tous les rapports, sans qu'aucune d'elles puisse le forcer à prendre part à la guerre; car, ou la nation qui voudrait l'y forcer, a un ennemi puissant à combattre, ou elle n'en a point; si l'ennemi est puissant et que l'autre nation soit obligée de demander des secours contre lui, elle ne peut pas avoir assez de troupes de reste pour attaquer en même tems le Portugal, et le forcer à faire la guerre.

§. V.

Mais, si l'ennemi est faible, l'autre nation n'a pas besoin de troupes auxiliaires, et elle n'obligera pas le Portugal de lui porter secours, crainte de s'en faire un ennemi; car par-là elle augmenterait le nombre de ses ennemis, et se ferait tort à elle-même.

§. VI.

Une nation faible et impuissante ne peut nuire à une autre plus grande et plus puissante, que par sa position locale. *Tunis, Tripoli* et *Alger* sont des états petits et faibles, et cependant ils ont su forcer presque toutes les puissances maritimes de l'Europe à leur payer un tribut, à cause de leur position avantageuse, et de leur manière de combattre avec de petits bâtimens armés en guerre.

§. VII.

Le Portugal étend sa domination sur une grande partie des côtes de l'Amérique, de l'Afrique et de l'Asie, ainsi que sur les îles situées dans l'Océan Atlantique. Si les Portugais garnissaient les îles situées près des parages où les vaisseaux marchands mouillent ordinairement à leur retour des Indes, de quelques frégates ou corsaires, qui entreprendraient, pour ainsi dire, leur course du lieu de leur domicile, ils pourraient porter la terreur et la crainte au sein même du commerce européen.

§. VIII.

Il ne serait pas même nécessaire que le Portugal armât tous les vaisseaux propres à cette entreprise à ses dépens ou à ceux de ses sujets; il suffirait de permettre aux armateurs étrangers de faire des prises sous leur pavillon et pour leur propre compte, en leur promettant sûreté dans ses ports.

Par ce moyen les Portugais pourraient se procurer de grands avantages sur leurs ennemis, en les attaquant, pour ainsi dire, du lieu de leur habitation, et à proximité, tandis que les autres nations ne pourraient combattre les Portugais qu'éloignées de leur patrie. Les ennemis des Portugais seront obligés de faire escorter leurs vaisseaux marchands par des frégates ou des vaisseaux de ligne, ce qui est déja très-dispendieux; d'un autre côté, le Portugal mettra de grandes entraves à leur commerce, ou leurs vaisseaux leur seront pris les uns après les autres.

§. IX.

L'amitié du Portugal, soit comme allié ou comme neutre, n'est non-seulement d'une importance majeure pour toutes les puissances maritimes, à cause des grands avantages qu'elles tirent du commerce avec cette nation, et de ses excellens ports de mer où elles peuvent réparer leurs vaisseaux de guerre et marchands quand ils sont endommagés, et se pourvoir de tout ce dont ils ont besoin, mais elle est encore d'un prix inestimable par beaucoup d'autres raisons.

§. X.

Depuis que les puissances maritimes se sont fait la guerre, le pavillon portugais a rendu à toutes d'importans services, sans en offenser cependant aucune. Dans la dernière guerre, pendant que les plus grandes puissances maritimes de l'Europe, l'Espagne, l'Angleterre, la France et la Hollande travaillaient à leur ruine mutuelle, le Portugal observa la plus stricte neutralité; les négocians portugais toujours fidelles à leur parole, cherchèrent de leur côté à soutenir l'honneur de leur nation. Ils tenaient dans leurs mains les liens qui unissaient le commerce de toutes ces puissances, ils les conservèrent sans les laisser rompre, et ne permirent pas qu'aucune d'entr'elles y portât atteinte.

§. X I.

Enfin, si le Portugal entretient une marine considérable de guerre et de commerce, s'il renonce à toute conquête, si, content de ses possessions immenses dans les quatre parties du monde, il cherche à augmenter ses richesses par tous les moyens possibles, s'il maintient ses sujets dans la possession paisible de leurs biens, s'il établit enfin des manufactures pour les premiers besoins de la vie, et abandonne aux étrangers toutes celles du luxe, pour leur donner occasion, par ce moyen, de le débarrasser de son superflu, cet état ne sera inquiété par aucun ennemi, car toutes les nations auront autant d'intérêt à sa conservation qu'à la leur.

Fin du tome second.

TABLE
DES CHAPITRES
DU TOME SECOND.

A

ESSAI POLITIQUE
SUR LE COMMERCE
DU PORTUGAL
ET CELUI DE SES COLONIES.

PREMIÈRE PARTIE.

Des avantages que le Portugal peut retirer de ses colonies au Brésil.

SECONDE PARTIE.

Des avantages que le Portugal peut retirer de ses colonies dans les trois autres parties du monde.

TROISIÈME PARTIE.

De l'intérêt du Portugal relativement aux autres puissances.

Fin de la Table du tome second.

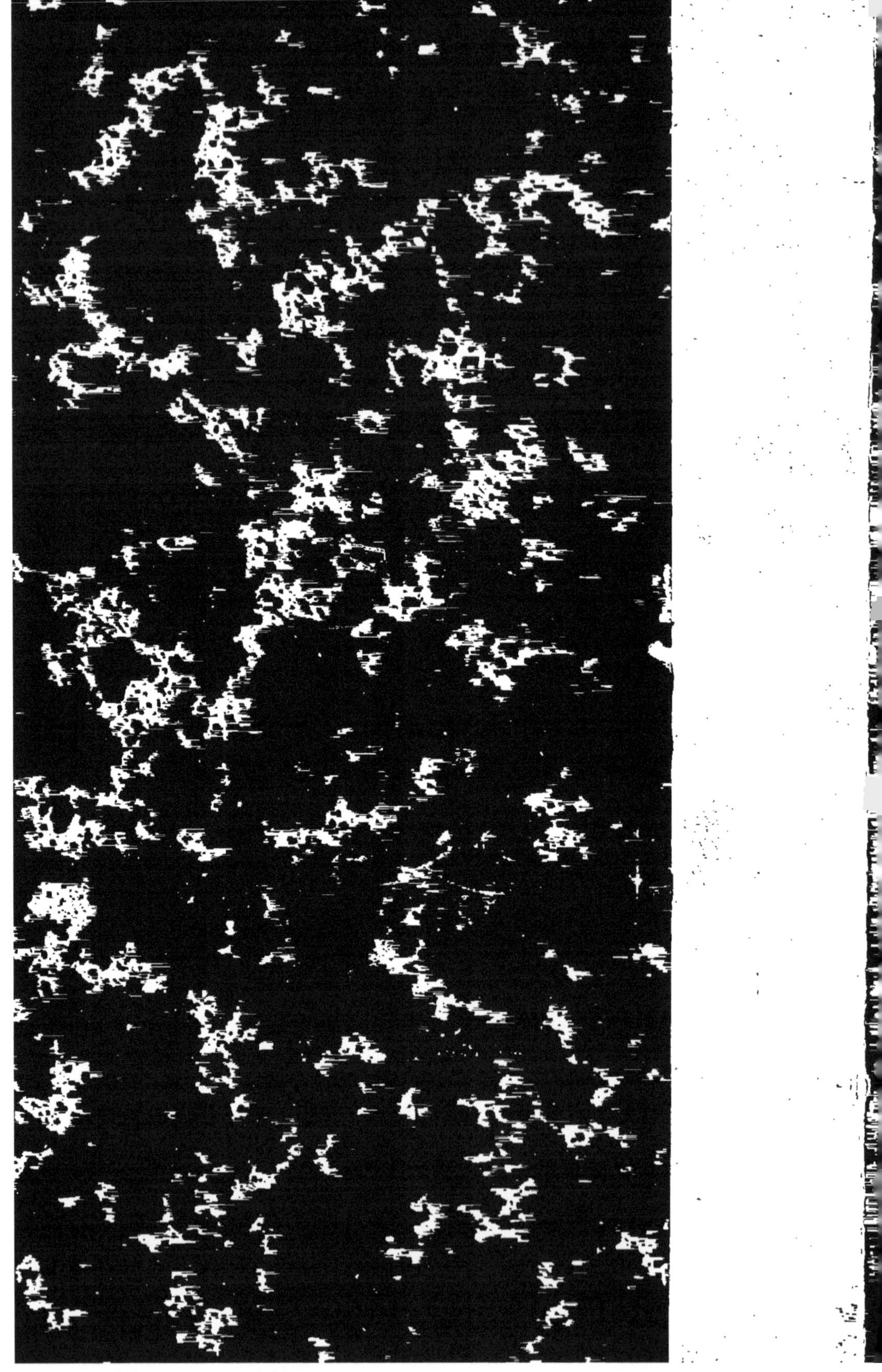

www.ingramcontent.com/pod-product-compliance
Ingram Content Group UK Ltd.
Pitfield, Milton Keynes, MK11 3LW, UK
UKHW012005240726
13965UKWH00001B/163

9 782012 933903